Tu Youyou :
voyage à la recherche de l'artémisinine

www.royalcollins.com

Tu Youyou

voyage à la recherche de l'artémisinine

Auteurs

Shao Yiran *(Presses de l'industrie chimique, Chine)*
Li Dan *(Station de télévision de Pékin, Chine)*

Equipe de rédaction

Hu Zhiqiang *(Université de l'Académie des Sciences de China),*
Li Dan *(Station de télévision de Pékin, Chine),*
Li Yansong *(Presses de l'industrie chimique, Chine),*
Shao Yiran *(Presses de l'industrie chimique, Chine),*
Sun Zhenhu *(Presses de l'industrie chimique, Chine),*
Wang Manyuan *(Université des sciences médicales de la capitale, Chine),*
Yang Lan *(Académie des sciences médicales de Chine)*
& Zhang Wenhu *(Presses de l'industrie chimique, Chine)*

Traduit du chinois et annoté par Brigitte Duzan

Books Beyond Boundaries

ROYAL COLLINS

Tu Youyou : voyage à la recherche de l'artémisinine
Publication collective

Première édition française 2022
Par le groupe Royal Collins Publishing Group Inc.
Editeur et distributeur mondial
www.royalcollins.com

Original Edition © Chemical Industry Press
All rights reserved.

BKM ROYALCOLLINS PUBLISHERS PRIVATE LIMITED

Siège social : 550-555 boul. René-Lévesque O Montréal (Québec) H2Z1B1 Canada
Bureau indien : 805 Hemkunt House, 8th Floor, Rajendra Place, New Delhi 110 008

ISBN: 978-1-4878-0864-8

Jacket photograph © *CNSphoto.com*

La recherche de l'artémisinine
par la première femme chinoise lauréate d'un prix Nobel

L'histoire inspirante d'une scientifique
L'histoire méconnue et tragique de la malaria en Chine.
Face aux controverses et divergences d'opinions, elle ne s'est pas laissé abattre :
« Je veux juste poursuivre mes recherches »
Puis elle a gardé le silence.

Préface

Le présent ouvrage relate l'histoire de la découverte d'un médicament légendaire : l'artémisinine. C'est l'histoire de Tu Youyou qui, comme on sait, a partagé le prix Nobel 2015 de physiologie ou médecine avec William Campbell et Satoshi Omura pour avoir découvert l'artémisinine, un médicament antipaludique. Madame Tu a pendant très longtemps refusé de raconter elle-même son histoire. Le jour de l'annonce du prix Nobel qui lui était décerné, elle a finalement dit aux journalistes de lire le livre qu'elle a écrit, « L'artemisia annua et les médicaments à base d'artémisinine », livre que j'ai édité et qui a été publié aux Presses de l'industrie chimique. J'ai eu, en effet, la chance de travailler avec madame Tu, et, par là-même, ai été amené à connaître les tours et détours de cette histoire complexe et passionnante.

Le présent ouvrage couvre une période historique très particulière, née d'une guerre malheureuse. L'histoire est intimement liée à un projet secret, le « Projet 523 », en lien avec un grand nombre d'institutions et d'individus chinois. Elle se lit comme une pièce de théâtre, avec décor de scène, chœur accompagnant l'action, et divers types de rôles qui, tous, font avancer le déroulement de l'intrigue. Néanmoins, on sait bien que l'âme de toute tragédie est la vie de son protagoniste, et ce qu'il advient aux différents personnages dans le récit. La pièce dont il est question ici relate l'histoire de la découverte d'une scientifique chinoise.

Une grande découverte est toujours le résultat imprévisible d'un grand nombre d'éléments aussi bien actifs que passifs. Elle est inséparable de l'intelligence, de la sagesse et du caractère bien trempé du découvreur, et elle demande très souvent un peu de chance. Tout spécialement dans le cas des plus grandes découvertes scientifiques, les chercheurs peuvent longtemps se creuser la cervelle, mais l'inspiration n'intervient que dans des circonstances fortuites. De telles découvertes peuvent sembler d'incroyables coups de génie, mais ce sont en fait des sauts dans le processus de pensée créative des savants. Comme il est mentionné dans le présent ouvrage, le traitement de la malaria par l'artemisia annua est une histoire qui remonte à des milliers d'années en Chine, et de nombreux scientifiques ont tenté de trouver des méthodes efficaces de traiter cette maladie, mais pourquoi est-ce Tu Youyou qui a réussi à le faire ? Sa découverte a-t-elle été le résultat d'une pure coïncidence ? Ou a-t-elle résulté d'un processus fondamentalement logique ?

La mission des savants est de découvrir les mystères de la nature, mais le processus de leur découverte est lui-même un mystère. C'est la tâche de l'épistémologie de résoudre ces mystères. Depuis plus de deux mille années, les philosophes ont entrepris diverses études sur l'acquisition du savoir chez l'homme, et il en est résulté maintes idées originales et commentaires incisifs. John Locke a été l'avocat de l'empirisme, c'est-à-dire la théorie fondée sur « le savoir dérivant de l'expérience » ; Platon et Kant ont défendu le rationalisme, théorie posant « le savoir avant toute chose » ; et Hume s'est fait l'avocat du scepticisme, fondé sur « la mise en question de la capacité inductive de l'être humain à tirer des règles universelles de l'observation empirique ». En énonçant leurs points de vue philosophiques, ces philosophes ont montré leurs brillantes capacités de raisonnement et de déduction, ainsi que leur profonde compréhension de la nature humaine et des connaissances de l'humanité, toutes choses dignes de notre attention.

Néanmoins, l'empirisme et le rationalisme sont incapables de résoudre en totalité le mystère de la découverte scientifique. Si l'on adopte la théorie empirique, on va donner la priorité aux anciens documents et aux formules empiriques qu'ils contiennent pour traiter la malaria avec l'artemisia annua, ainsi qu'aux centaines d'expériences menées dans le cadre du « Projet 523 », mais on ne pourra pas prendre en compte l'auteur essentiel de la découverte et ses principales réalisations. Si l'on part du rationalisme, on va donner la priorité au raisonnement abstrait de madame Tu, avec pour conséquence une importance excessive donnée à la capacité rationnelle intuitive inusitée des savants. Après avoir lu le présent livre, on voit clairement que ni l'empirisme ni le rationalisme ne peuvent fournir une image totale et précise expliquant la découverte de l'artémisinine : il est vrai que bien des scientifiques connaissaient les anciens documents mentionnant l'artemisia annua et ses utilisations par les praticiens de médecine traditionnelle chinoise, il est vrai aussi que beaucoup d'autres ont réalisé des expériences sur le poivre ou la dichroa febrifuga, et que certains ont même tenté d'utiliser l'acupuncture, mais seule Tu Youyou a poursuivi les recherches sur l'artemisia annua et a finalement découvert l'artémisinine.

C'est pourquoi j'aimerais me référer ici à l'opinion de Karl Popper, l'un des plus grands philosophes de la pensée scientifique du 20ème siècle. Dans son ouvrage « La logique de la découverte scientifique », il a proposé une théorie qui diffère à la fois de l'empirisme et du rationalisme, puis il a formulé la théorie de la réfutation. Il pensait qu'aucune découverte scientifique ne procède par la méthode intuitive en tirant des lois et théories d'un grand nombre d'observations collectées ou par des processus empiriques, et qu'aucune découverte ne résulte non plus d'un raisonnement intuitif sur la base de vérités a priori comme le veut le rationalisme ; une découverte scientifique, selon lui, suit au contraire un modèle de « conjectures et réfutations ».

Pour Popper, la recherche scientifique ne dérive pas d'observations ou de vérités a priori, mais de questionnements, questionnement scientifique qui tient à la nature incomplète des connaissances théoriques et pratiques. Pour répondre à ces questions, les scientifiques proposent des hypothèses fondées sur la spéculation. Bien sûr, toutes les hypothèses ne sont pas scientifiques, par principe : seules celles qui peuvent être réfutées par l'expérience sont scientifiques. Les savants doivent ensuite vérifier leurs hypothèses pour déterminer si elles sont fausses ou non. Et si elles sont prouvées fausses, ils doivent en proposer de nouvelles. C'est par ce processus constant de conjectures et réfutations que les savants font progresser la science.

C'est ce modèle de conjectures et réfutations de Popper qui peut aider à mieux comprendre les éléments clés de la découverte de l'artémisinine. C'est la demande émanant de la société, à

l'époque, qui a souligné aux yeux de la communauté scientifique
la nécessité de rechercher un traitement efficace de la malaria. Le
rôle primordial de madame Tu a été de proposer la conjecture qui
s'est révélée juste par la suite, et de poursuivre les recherches dans
ce cadre. A l'époque, le Projet 523 avait plusieurs axes de recherche
; madame Tu était responsable des tests sur les plantes de la pharmacopée chinoise, et c'est en cette qualité qu'elle a été chargée de
tester chaque catégorie de plante médicinale, en toute objectivité.
C'est ainsi qu'elle avait tout d'abord éliminé l'artemisia annua,
comme le poivre, parce que les effets des premiers extraits étaient
loin d'être satisfaisants. En raison de ces circonstances initiales, et
de l'existence de milliers d'autres plantes médicinales chinoises, la
découverte de l'artémisinine aurait aussi bien pu ne jamais voir le
jour. Cependant, il est fort possible que la motivation de la réflexion
que madame Tu a entamée très tôt au début de ses recherches était
liée à un certain sentiment d'échec, de responsabilité ou de devoir
envers l'organisme pour lequel elle travaillait. C'est à ce moment-là
qu'elle est inconsciemment arrivée au stade où elle a proposé une
« hypothèse », situation familière à tous les scientifiques. Peut-
être fut-ce une inspiration, peut-être une intuition, mais ce sont
quelques mots seulement dans un document historique qui lui ont
donné l'idée de son hypothèse : « c'est la méthode d'extraction à
basse température qui permet d'extraire les substances actives de
l'artemisia annua ». C'est aussi à ce moment-là qu'elle a réalisé un
bond en avant dans son processus de pensée créative.

    Le rôle primordial qui a été le sien dans la découverte de l'ar-
témisinine tient aussi à ses actions d'expérimentation tous azimuts
visant à vérifier son hypothèse, processus expérimental légèrement
différent de celui généralement préconisé par l'empirisme. Les

tests, en l'occurrence, furent conçus afin de permettre une vérification plus complète, complexe et partielle, pour que, sur la base des observations réalisées, l'hypothèse soit acceptée ou rejetée. C'est la raison pour laquelle il y a eu autant de procédures de vérification de l'artemisia annua. Par exemple, des expériences ont été préparées afin de distinguer l'efficacité des racines, des tiges et des feuilles de la plante, tout en tenant compte de la période de la récolte. Outre l'éther, d'autres solvants ayant de basses températures d'ébullition furent aussi utilisés, et les résultats négatifs, à l'encontre des résultats attendus, devinrent des éléments de stimulation de la recherche, au lieu d'être des sources de découragement des chercheurs.

La découverte de l'artémisinine est passée par plusieurs cycles allant de la conjecture à la vérification des hypothèses, processus fluctuant et complexe demandant la conjonction de diverses forces agissant pour en faciliter le développement. Les organisations et institutions ont joué un rôle important dans ce processus, en aidant à la réflexion, en soutenant le développement des ressources scientifiques, modernes et anciennes, et en particulier les ressources de la médecine traditionnelle chinoise, ou encore en soutenant la formulation d'hypothèses. Les équipes de recherche ont également eu leur rôle à jouer, entre autres au cours du processus de contrôle et d'essais et erreurs. Mais le processus complet qui conduit à une découverte scientifique est indissociable de la force directive qui vient du chercheur lui-même, car la formulation et la vérification des hypothèses ne sont pas à un processus mécanique, mais ont un lien évident avec les capacités intellectuelles et la détermination du chercheur. On dit souvent que la terre continuerait à tourner même sans personne. Mais il est difficile d'imaginer l'histoire de la science sans Newton, Darwin ou Einstein. Pour moi, la découverte de l'artémisinine est intimement liée à la forte volonté, à la réflexion opportune, aux hypothèses rationnelles et aux observations détaillées de madame Tu, autant de facteurs étroitement associés au scientifique en tant qu'individu.

Lors de la cérémonie de remise du prix Nobel, madame Tu a déclaré que la découverte de l'artémisinine était le fruit d'une recherche collective et que le prix était un hommage collectif aux chercheurs chinois. Je pense que c'est une déclaration pertinente, mais trop modeste. Au cours du processus ayant mené à la découverte de l'artémisinine, la « recherche collective » organisée par le Bureau 523, la « coopération à grande échelle » entre diverses institutions, et les efforts conjoints des équipes de recherche ont grandement contribué au succès final ; toutes ces contributions méritent donc sans aucun doute leur part de reconnaissance sociale et de récompense. Néanmoins, elles sont différentes en nature de la contribution unique et originale de madame Tu. Dans notre société, beaucoup de gens n'ont aucune considération pour les capacités créatives des scientifiques, et les dévaluent systématiquement. C'est pourquoi je me suis attaché à en souligner le caractère original, car cette originalité est la spécificité au cœur de la recherche scientifique. Le présent ouvrage a donc pour sujet principal la personnalité essentielle qui a contribué à la découverte de l'artémisinine, ainsi que le processus de recherche inhérent à la découverte scientifique ; il tente de révéler la logique fondamentale et les caractéristiques principales de toute découverte scientifique, pour amener le lecteur à la réponse à la question : « Comment se fait-il que ce soit Tu Youyou qui a découvert l'artémisinine ? », en lui permettant par là-même de comprendre plus en profondeur les traits spécifiques de la recherche scientifique. Cette méthode expérimentale est aussi ce qui distingue cet ouvrage d'autres publications semblables. Le trait le plus remarquable de madame Tu est sa pratique de préserver tous les matériaux qu'elle a pu collecter, et son habitude de consigner ses travaux par écrit ; c'est ce qui a permis de reconstituer l'histoire de la découverte de l'artémisinine, et de la présenter clairement.

Dans le cours de cette narration, les auteurs se sont efforcés dans toute la mesure du possible d'entrer dans le détail des incidents et faits significatifs. Mais certains détails ne sont pas compréhensibles, ceux par exemple ayant trait aux ressorts psychologiques. Ils n'apparaissent donc pas ici en raison des contraintes éditoriales. Les détails sans importance ont été omis. Pour assurer la cohérence de cette histoire, nous avons consulté la littérature appropriée, notre objectif principal étant celui de la science populaire : non seulement accroître les connaissances, mais aussi instruire et inspirer.

Zhang Wenhu,
mars 2016

TABLE DES MATIÈRES

1

POUR COMMENCER : LE PRIX NOBEL

Ce prix n'est pas seulement un honneur pour moi, mais une récompense et un encouragement pour l'ensemble de la communauté scientifique chinoise.

Annonce du prix

C'est le 5 octobre 2015, par une soirée d'automne assez froide, qu'est tombée la nouvelle :

« A 17h30 (heure de Pékin), il a été annoncé que le prix Nobel de médecine 2015 était attribué à madame Tu Youyou pour sa découverte d'un nouveau médicament antipaludique, l'artémisinine, faisant de cette chercheuse réputée la première lauréate chinoise du prix Nobel de médecine. »

Les caméras de télévision diffusaient en gros plan le visage buriné de la chercheuse, encadré de cheveux grisonnants légèrement frisés ; mais, sous le front sillonné de rides profondes, le regard ferme exprimait la détermination. C'est après des décennies de recherches à la fois sur la médecine traditionnelle chinoise et les traitements modernes de la maladie que Tu Youyou découvrit l'artémisinine, un médicament nouveau très efficace contre la malaria qui a permis de sauver des millions de vies humaines.

Cérémonie de remise du prix

La cérémonie de remise du prix s'est tenue le 10 décembre 2015 à 23h30 (heure de Pékin) dans la Salle de concert de Stockholm, en Suède, en présence de dix chercheurs du monde entier, lauréats des prix Nobel 2015 de littérature, physique, chimie, économie et physiologie/médecine, la chercheuse chinoise Tu Youyou étant la doyenne du groupe.

Quand Tu Youyou, vêtue de mauve, est montée sur le podium pour recevoir sa médaille et son diplôme des mains du roi de Suède Charles XVI Gustave, ce fut un moment historique, pour le monde, mais tout particulièrement pour la Chine : c'était la première fois qu'un chercheur chinois recevait une telle récompense.

Cadeau au monde de la médecine traditionnelle chinoise

L'après-midi du 7 décembre, Tu Youyou a prononcé à l'Institut Karolinska, en Suède, un brillant discours de 26 minutes intitulé « L'artémisinine, un cadeau au monde de la médecine traditionnelle chinoise ». Pour lui présenter le micro, l'animateur et hôte de l'événement, le professeur de lœmologie de l'Institut, Jan Andersson, n'a pas hésité à mettre un genou au sol devant la chercheuse de 85 ans.

« Ce prix n'est pas seulement un honneur pour moi, » a-t-elle déclaré, « mais une récompense et un encouragement pour l'ensemble de la communauté scientifique chinoise. »

. . . .

J'aimerais exprimer ma plus sincère gratitude aux membres de l'équipe de recherche anti-malaria du Projet 523 de l'Institut de médecine traditionnelle chinoise pour leur active participation et leur exceptionnelle contribution à la découverte et aux applications dérivées de l'artémisinine. J'adresse mes remerciements les plus sincères aux diverses institutions qui ont participé au Projet 523, dont l'Institut de médecine chinoise de la province du Shandong, l'Institut de recherche pharmacologique de la province du Yunnan, l'Institut de biophysique de l'Académie des sciences chinoise, l'Institut chinois de chimie organique de Shanghai, l'Institut de recherche de l'Université de médecine traditionnelle chinoise de Canton, et l'Institut de recherche médicale de l'Armée chinoise. J'aimerais aussi exprimer ma gratitude envers tous les départements et organisations qui ont collaboré à ce projet, pour les résultats inestimables ainsi obtenus ainsi que pour les soins chaleureux dont ils ont entouré les malades. Je voudrais enfin témoigner de ma sincère reconnaissance envers les efforts constants déployés par le Bureau national du Projet 523 pour organiser des actions de lutte anti-malaria. Sans cet esprit commun de collaboration désintéressée, nous n'aurions jamais pu offrir l'artémisinine au monde dans des délais aussi brefs.

. . . .

La médecine traditionnelle chinoise est un immense trésor qui mérite d'être exploré et étudié avec application afin de le perfectionner encore. C'est de là, justement, qu'a été tirée l'artémisinine. Les recherches pour y parvenir ont permis d'apprécier la force respective de la médecine occidentale et de la médecine traditionnelle chinoise, et tout le potentiel que l'on peut attendre de leur utilisation combinée, laissant augurer de très intéressants développements dans le futur. C'est la nature qui a fourni aux chercheurs les matières végétales pour créer le nouveau médicament. Dérivée des herbes décrites dans le Livre de Shennong, la pharmacopée traditionnelle chinoise a acquis des connaissances cliniques grâce à l'expérience accumulée durant plusieurs milliers d'années ; on dispose aujourd'hui de synthèses d'analyses concernant les effets des médicaments tirés de plantes naturelles. Il convient maintenant de poursuivre ce travail en le perfectionnant : on pourra ainsi réaliser de nouvelles découvertes, de nouvelles innovations, au bénéfice de l'humanité. »

2

TRÈS JEUNE, PREMIÈRES AMBITIONS DÉJÀ

« Un vieillard perd son cheval, ce n'est peut-être pas un mal », dit un dicton chinois. Enfant, Tu Youyou faillit succomber à la tuberculose, mais cette grave maladie fit naître en elle un profond intérêt pour les médicaments, semant les germes d'un rêve au plus profond d'elle-même ; le rêve prenant corps, elle ne pensa plus dès lors qu'à acquérir les connaissances requises pour le réaliser.

Grave maladie

En 1946, alors âgée de seize ans, donc en plein épanouissement personnel, Tu Youyou dut interrompre ses études et rester chez elle car elle avait contracté une tuberculose pulmonaire, maladie chronique hautement contagieuse. Vu le niveau de l'expertise médicale de l'époque, c'était être condamné à une mort certaine à plus ou moins long terme.

Malgré les incertitudes de la situation politique et les difficultés familiales, ses parents n'ont pourtant pas perdu espoir et ont fait tout leur possible pour guérir leur fille. Un jour que sa mère Yao Zhongqian lui avait versé de l'eau chaude dans une tasse, elle se rappelle encore lui avoir demandé en voyant les volutes de vapeur qui s'en élevaient :

- Maman, est-ce que je vais mourir ?

- Ne te fais pas des idées aussi noires, tu vas guérir, et tu as tout un avenir qui t'attend.

Elle conçut alors en elle-même la ferme résolution de vaincre la maladie, à tout prix.

Soutenue par cette détermination et les soins attentifs de ses parents, au bout de deux ans de traitement par la médecine traditionnelle chinoise, elle réussit à guérir, miraculeusement.

la mère de Tu Youyou,
Yao Zhongqian

le père de Tu Youyou, Tu Liangui

Histoire de son prénom

Cette adolescente atteinte par la maladie était née le 30 décembre 1930, à Ningbo, dans la province du Zhejiang, au numéro 458 de la rue Kaiming. Ses parents avaient déjà trois fils et accueillirent avec joie une petite fille.

Pour choisir le prénom de l'enfant, son père Tu Liangui suivit la tradition : « pour une fille se référer au Livre des odes, pour un garçon aux Chants de Chu[1] ». Cet adorable prénom de Youyou vient ainsi du premier poème des « Odes mineures » du Livre des poèmes : *Lu Ming* ou Le brame du cerf, cité dans le célèbre poème de Cao Cao « Dans le style d'un chant court »[2].

Pour une petite fille, youyou peut signifier quelqu'un de vif, audacieux, adorable et optimiste. Mais, ce que n'avait pas imaginé son père, c'est que, au-delà de ses premières attentes concernant son caractère, sa fille deviendrait une grande scientifique. Or, en fait, le vers dont est tiré son prénom et ceux qui suivent laissaient déjà présager son avenir, car ils disent textuellement : « Les cerfs lancent leurs joyeux brâmes tout en broutant l'armoise ; j'ai ici des invités de marque, de brillante renommée… », l'armoise, ou artemisia, étant la plante dont est extraite l'artémisinine : ainsi, il y a plus de deux millénaires, le nom d'artemisia apparaissait déjà intimement lié au nom de Tu Youyou.

Troubles et maladie

Tu Youyou a passé son enfance pendant une période troublée : la Chine était ravagée par la guerre, et le peuple vivait dans la plus grande pauvreté. En raison de sa situation stratégique, Ningbo avait une importance capitale aux yeux des Japonais. Quand ils finirent par l'occuper, la vie y devint très difficile pour les habitants, dont la famille Tu, entre autres. Ils n'avaient jamais été très riches, la guerre les réduisit à la misère.

En 1941, comme ils ne pouvaient plus rester dans leur maison, les parents de Tu Youyou allèrent vivre chez ses grands-parents maternels, au n° 26 de la rue Kaiming, et elle les suivit là, dans la maison qu'avait fait construire son grand-père Yao Yongbai. Elle y resta jusqu'à son entrée à l'université, en 1951.

Malgré la situation tendue et les difficultés matérielles, les parents de Tu Youyou accordaient une grande importance à l'éducation, en particulier pour les filles, contrairement à l'adage ancien selon lequel « le manque de compétence est une vertu pour la femme ». Ils mirent Tu Youyou au jardin d'enfants dès l'âge de cinq ans ; à six ans, elle entra à l'école primaire privée Chongde de

Ningbo, et, cinq ans plus tard, poursuivit l'enseignement primaire à l'école privée Maoxi. A l'âge de treize ans, elle entra au collège privé Qizhen de Ningbo, puis, à quinze ans, au collège privé pour filles Yongjiang. C'est l'année suivante que la tuberculose l'obligea à interrompre ses études, plongeant sa famille dans l'angoisse.

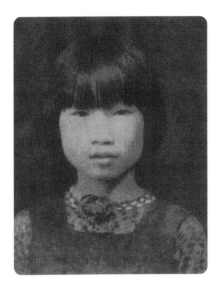

Tu Youyou enfant

Début d'un rêve

Après sa guérison, Tu Youyou entra en février 1948 au lycée privé Xiaoshi de Ningbo. C'était alors un établissement renommé, qui avait été fondé en février 1912 par le physicien He Yujie, Ye Bingliang, Chen Xunzheng et Qian Baohang, avec le soutien d'un édile local du nom de Li Jingdi. La mission impartie à l'école étant de « promouvoir l'enseignement par des moyens privés, afin de mener le peuple sur la voie du progrès », elle avait formé un grand nombre d'étudiants qui jouissaient d'une excellente réputation. En

1917, elle avait signé avec les deux universités d'élite de Shanghai, Fudan et Saint John, des accords qui permettaient aux élèves diplômés du lycée Xiaoshi d'être admis dans l'une ou l'autre université sans passer d'examen d'entrée.

« Un vieillard perd son cheval, ce n'est peut-être pas un mal », dit un dicton chinois. Enfant, Tu Youyou faillit succomber à la tuberculose, mais cette grave maladie fit naître en elle un profond intérêt pour les médicaments, semant les germes d'un rêve au plus profond d'elle-même ; le rêve prenant corps, elle ne pensa plus dès lors qu'à acquérir les connaissances requises pour le réaliser.

Aux yeux de ses camarades de classe, elle était simple et calme ; contrairement à certaines de ses camarades qui devinrent célèbres pour avoir interprété « La fille aux cheveux blancs »[3] avec la troupe de théâtre de l'école, Tu Youyou, à l'époque, ne se faisait pas remarquer : elle restait dans un coin de la classe à étudier en silence.

Comme se le rappelle son ancienne camarade de classe au lycée Chen Xiaozhong, devenue ensuite professeur à l'université Qinghua à Pékin, Tu Youyou était toujours vêtue très simplement ; elle restait concentrée sur son travail sans lever la tête et rentrait directement chez elle après les cours, c'était une élève sérieuse, sans prétention. A l'époque, elle ne pouvait imaginer que l'un de ses camarades de classe, Li Tingzhao, deviendrait son époux.

Au lycée, elle n'était pas la meilleure de la classe, ses résultats étaient dans la moyenne supérieure. Comme le montrent les documents conservés aux archives de la ville de Ningbo, les notes moyennes en chinois, mathématiques, biologie et chimie de l'étudiante Tu Youyou, carte d'identité A342, étaient respectivement de 71.25, 71.5, 80.5 et 67.5, sa moyenne la plus élevée étant en biologie.

On peut trouver de tels résultats bien médiocres pour une future lauréate du prix Nobel. Néanmoins, bien que d'un niveau plutôt moyen, de manière générale, pendant sa scolarité, durant ses trois années de lycée, en revanche, elle a fait preuve d'assiduité et d'enthousiasme dans ses études, caractéristique partagée par un grand nombre de scientifiques.

En mars 1950, Tu Youyou entra en terminale au lycée de Ningbo. C'est en poursuivant son rêve, poussée par la soif de savoir et un profond respect pour les sciences médicales, qu'elle mit un terme à sa vie de lycéenne. A l'époque, personne n'aurait pensé que cette élève modeste obtiendrait des résultats suffisamment brillants pour être admise à l'université de Pékin ; personne n'aurait imaginé non plus qu'elle choisirait l'obscur Collège de médecine nouvellement fondé, et encore moins qu'elle deviendrait mondialement célèbre en décrochant un prix Nobel cinquante-cinq ans plus tard.

Aujourd'hui, la maison de son enfance, celle de la famille Yao, a été baptisée « Ancienne résidence de Tu Youyou ». Ses travaux ont fait l'objet d'une large diffusion, et les médias ont été submergés sous l'avalanche de ses photos, tout ceci, en fin de compte, résultant d'un embryon de rêve tout simple mais sans prix enfoui au plus profond de ses années d'enfance.

3

ETUDES À L'UNIVERSITÉ
DE PÉKIN

Tandis que les autres étudiants prenaient du bon temps, on ne pouvait jamais voir Tu Youyou se distraire ; elle était toujours en salle de cours, les yeux rivés sur le tableau noir. Pour elle, l'université n'était pas un endroit où l'on gâchait sa jeunesse, car la pharmacognosie était tout son univers. Sa vie toute entière étant orientée vers la réalisation de son rêve d'enfant, elle avançait pas à pas dans cette voie, d'une allure ferme et résolue.

Admission à l'université de Pékin

Pendant l'été 1951, peu de temps après la fondation de la Chine nouvelle, il y avait beaucoup à faire pour la reconstruction du pays et l'on avait besoin de gens compétents dans tous les domaines. Les jeunes tout juste sortis du lycée n'avaient que l'embarras du choix, ils pouvaient se diriger vers des études très prisées, telles que le management ou, pour les scientifiques, l'électromécanique. Or, contre toute attente, alors qu'il n'y avait aucune tradition médicale dans sa famille, Tu Youyou choisit de demander à être admise en sciences pharmaceutiques.

Elle reçut à la fin de l'été sa lettre d'admission à l'université de Pékin, en sciences pharmaceutiques, devenant ainsi l'une des premières étudiantes de Chine. On peut imaginer la joie et la fierté de la jeune Tu Youyou, qui avait alors 21 ans. L'université de Pékin venait juste de terminer une refonte longue et complexe de ses départements et d'emménager dans les anciens locaux de l'université Yenching. Les spécialistes en sciences sociales affluèrent là comme des soldats répondant à l'appel du clairon, et l'université devint dès lors l'une des « deux institutions universitaires de premier plan » en Chine, ce qu'elle est toujours aujourd'hui.

Le département de pharmacologie de l'université de Pékin faisait partie de la faculté de médecine de l'université, et était alors situé dans le quartier de Xicheng, près de l'église catholique de Xishiku. à l'adresse où se trouve aujourd'hui le premier centre de consultation en stomatologie de l'université.

Choix de la pharmacognosie

Après son admission à l'université, Tu Youyou fut affectée à la classe n° 8 du département des sciences pharmaceutiques, avec quelque soixante-dix ou quatre-vingts autres étudiants. Les cours étaient communs les trois premières années, les spécialisations intervenant en quatrième année. Il y avait alors trois choix possibles : expérimentation pharmaceutique, chimie pharmaceutique et pharmacognosie. C'est cette dernière spécialité que choisit Tu Youyou, avec onze de ses camarades, tandis que la plupart des autres étudiants de la classe n° 8 optaient pour la chimie pharmaceutique.

Tu Youyou sur la place Tian'anmen, du temps de ses études à l'université de Pékin

Globalement, la pharmacognosie consiste à opérer un classement de toutes sortes de substances médicamenteuses d'origine naturelle, qu'il s'agit d'identifier et étudier ; après l'obtention de leur diplôme, les étudiants qui choisissent cette spécialité sont donc amenés à faire surtout des travaux de recherche. Le choix de Tu Youyou correspondait ainsi parfaitement à son caractère.

La pharmacognosie était alors en plein développement. Pour Tu Youyou, tout était nouveau : le matériel de laboratoire le plus divers, et ces vieux bâtiments qui n'étaient pourtant pas sans une certaine aura de modernité.... Les réactifs en permanents changements de couleur dans les tubes à essai, les cellules vivantes sous le microscope, ou encore les microorganismes en mouvement erratique dans les boîtes de Pétri, tout cela était fascinant. Sur ce campus dont l'atmosphère était imbue d'une longue tradition académique, Tu Youyou entreprit l'étape la plus importante de son parcours éducatif.

Demeurant aussi modeste et assidue à l'université qu'elle l'était au lycée, Tu Youyou paraissait née pour faire de la recherche scientifique. Toujours aussi taciturne, elle conserva son caractère solitaire. Il aurait été difficile de la trouver en train de se divertir ; en revanche, on pouvait voir la voir en permanence, telle une ombre lovée dans un coin de la bibliothèque, plongée dans un livre, ou dans ses pensées.

Tandis que les autres étudiants prenaient du bon temps, on ne pouvait jamais voir Tu Youyou se distraire, elle était toujours en salle de cours, les yeux rivés sur le tableau noir. Pour elle, l'université n'était pas un endroit où l'on gâchait sa jeunesse, car la pharmacognosie était tout son univers. Sa vie toute entière était orientée vers la réalisation de son rêve d'enfant, et elle avançait pas à pas dans cette voie, d'une allure ferme et résolue.

Le légendaire professeur Lou Zhicen

A l'université de Pékin, la pharmacognosie était la discipline enseignée par le professeur Lou Zhicen, personnage nimbé d'une aura légendaire. Son parcours était sans nul doute l'histoire d'une véritable passion qui avait incité de nombreux étudiants à se passionner à leur tour pour cette discipline et à se lancer courageusement dans cette voie.

Lou Zhicen est né le 28 janvier 1920 dans ce qui est aujourd'hui le district d'Anji, dans la province du Zhejiang. A l'âge de 25 ans, en septembre 1945, il partit étudier à la faculté de pharmacie de l'université de Londres. Il y obtint de brillants résultats, et, deux ans plus tard, décrocha sa licence. Mais, comme la bourse que lui avait accordée le British Council expirait l'été de l'année suivante, il courait le risque d'avoir à interrompre prématurément ses études.

C'est alors, fort heureusement, qu'apparut celui qui sut remarquer son talent et le soutenir. Ses brillants résultats et son enthousiasme dans ses travaux de recherche avaient suscité l'intérêt du professeur J. W. Fairbairn, le professeur de pharmacognosie de l'université de Londres. Etablissant un précédent dans les traditions de l'université qui n'avait encore jamais recruté d'assistant de recherche étranger, il intervint pour faire nommer Lou Zhicen assistant de recherche en pharmacognosie, et lui permettre de préparer un doctorat. C'est donc grâce au soutien du professeur Fairbairn que Lou Zhicen put rester à Londres et poursuivre ses études à l'université.

Ainsi encouragé, il reprit ses études et ses recherches avec une énergie décuplée. Finalement, il termina sa thèse de doctorat en 1950, mais, en même temps, il avait aussi publié six mémoires de recherche. Sous l'impulsion et la direction du professeur Fairbairn, il a en effet réalisé toute une série de travaux de recherche pendant cette période. Il a ainsi alors mis au point une nouvelle méthode d'essai biologique pour l'évaluation des laxatifs d'origine végétale, dont les résultats furent publiés en 1949 dans une revue universitaire spécialisée. Adopté par les chercheurs du monde entier, ce procédé est connu en pharmacognosie comme « Méthode de Lou » ; grâce à des instruments de pointe de haute précision, il permet d'étudier et séparer avec efficacité et exactitude les composants actifs d'une substance médicinale, et donc d'améliorer la stabilité et la précision des mesures.

Les Britanniques reconnurent très vite le talent exceptionnel de Lou Zhicen. En 1950, pour éviter de le perdre, le professeur Fairbairn l'exhorta à rester en Angleterre et à poursuivre ses recherches avec lui. Quelques jours plus tard, Lou Zhicen reçut une invitation de la société pharmaceutique Evans, assortie d'un salaire annuel difficile à refuser. Pourtant, malgré ces deux offres très séduisantes, avec le même patriotisme que de nombreux autres scientifiques chinois, Lou Zhicen choisit de retourner en Chine. En janvier 1951, porté par sa profonde loyauté envers son pays, il embarqua à bord d'un paquebot en partance pour Hong Kong.

Après un long voyage, et une escale à Hong Kong, il arriva finalement à Shanghai. Sans attendre, le responsable du département de pharmacie de la faculté des sciences de l'université du Zhejiang, Sun Zongpeng, lui envoya une invitation à poursuivre ses recherches dans cette université. Admirateur de longue date de Lou Zhicen, il lui décrivit dans les moindres détails la situation de la Chine nouvelle, en développant tout ce qu'il y avait à faire dans le domaine scientifique ; Lou Zhicen l'écouta sans dire un mot, en se bornant à hocher doucement la tête. Il fut ainsi nommé maître de conférences à la faculté de médecine de l'université du Zhejiang, provisoirement chargé de cours de pharmacie pour les étudiants en année de licence. A l'automne, après cette période transitoire à l'université du Zhejiang, il passa au département pharmacie de la faculté de médecine de Pékin (aujourd'hui Faculté des sciences médicales de l'université de Pékin), où il fonda l'enseignement et le bureau de recherche en pharmacognosie.

Des années plus tard, Lou Zhicen devint un spécialiste en pharmacognosie et professeur en sciences pharmaceutiques ; il fut parmi les premiers membres du département de génie biomédical de l'Académie chinoise d'ingénierie, et un leader dans le domaine fondamental en Chine de la pharmacognosie. Il est incontestablement l'un des fondateurs de cette discipline au niveau national.

Le mentor Lin Qishou

L'enseignement d'une autre discipline importante – la phytochimie – fut créé par Lin Qishou à son retour des Etats-Unis où il était parti à la fin du mois de juin 1949 étudier la pharmacologie à la faculté de médecine de l'université du Maryland ; ses travaux de recherche y portèrent surtout sur la synthèse des anesthésiques. A son retour en Chine en mars 1950, il fut nommé maître de conférences en pharmacie de la Faculté des sciences médicales de l'université de Pékin.

Tu Youyou garde le souvenir du langage simple et plein d'humour avec lequel Lin Qishou racontait pour le plus grand profit de ses élèves toutes sortes d'histoires intéressantes concernant la chimie médicinale et la phytochimie. Elle se rappelle encore nettement comment il utilisait la chromatographie pour isoler les composants de médicaments à base de plantes.

De tous les cours spécialisés auxquels elle a assisté, ceux de pharmacognosie et de phytochimie ont été les plus utiles pour ses futures recherches médicinales. Au cours des recherches ayant mené à la découverte de l'artémisinine, ces cours lui ont fourni à la fois mode de raisonnement, méthode et orientation. En y repensant bien des années plus tard, son choix de départ d'étudier la pharmacognosie lui paraissait être une décision fondamentale.

4

DE TOUT CŒUR POUR LA MÉDECINE

Evoquant ses souvenirs lors d'une interview, bien des années plus tard, la fille cadette de Tu Youyou, Li Jun, exprima le sentiment de désarroi qui fut le sien à l'époque : « Mes parents étaient pour moi des étrangers ; papa, maman étaient des appellations qui n'avaient pas de signification précise. Je n'arrivais pas à comprendre comment ils pouvaient abandonner leur famille pour l'amour de la science, pour leur travail, sans même se soucier de leurs enfants. » Tu Youyou a expliqué : « Quand nous avons rencontré des contradictions, dans notre vie, et que nous avons dû faire des choix, nous avons toujours privilégié le travail, pour l'accomplir au mieux. »

Début de carrière

En 1955, après avoir terminé ses études, Tu Youyou commença à travailler au Bureau de recherche sur les médicaments traditionnels chinois de l'Institut de recherche sur la médecine traditionnelle chinoise dépendant du ministère de la Santé. A l'époque, cet Institut de recherche n'avait pas l'aura de l'université de Pékin, mais l'air même y semblait imprégné d'une atmosphère de sérieux académique. Pour Tu Youyou, il représentait le « sanctuaire » dont elle avait rêvé.

C'était une année importante pour elle, mais c'en était une aussi pour l'Institut de recherche sur la médecine traditionnelle. Alors qu'il se développait aussi vite que les pousses de bambou au printemps après la pluie, sa croissance fut encore accélérée par une ondée opportune : pour appuyer son développement et promouvoir l'étude des médicaments traditionnels, le gouvernement assigna à l'Institut un certain nombre de célèbres vieux praticiens de médecine traditionnelle pour former une « équipe nationale » de recherche sur ces médicaments. Pour Tu Youyou qui débutait là ses travaux de recherche en pharmacognosie, ce fut la première clef qui lui ouvrit la porte du trésor de la médecine traditionnelle.

Tu Youyou au travail à ses débuts

Tu Youyou en 1957

En 1956, il y eut dans toute la Chine une grave épidémie de bilharziose[4]. Bien qu'encore inexpérimentée, Tu Youyou mena, avec le professeur Lou Zhicen, des recherches détaillées de pharmacognosie sur les lobelias afin de déterminer l'espèce ayant le plus d'efficacité contre la bilharziose, et elle obtint d'assez bons résultats.

Peu de temps plus tard, inspirée par ces recherches, elle en effectua d'autres du même ordre sur les racines de stellaria dichotoma, mais beaucoup plus complexes en raison de la grande variété d'espèces de cette plante. Les résultats de ces deux séries de travaux firent quelques vagues dans le monde de la recherche médicinale de l'époque, et furent tous deux publiés dans « L'herbier médicinal chinois », une compilation de l'état actuel des recherches sur les plantes médicinales chinoises. En 1958, la remarquable qualité de son travail lui valut le titre de "militante de la construction du socialisme" décerné par le ministère de la Santé.

Participation aux ateliers de formation à la médicine traditionnelle chinoise des praticiens de médecine occidentale

En 1958, le président Mao Zedong souligna dans l'un de ses discours que « ... la médecine et la pharmacologie chinoises sont un immense trésor qu'il convient d'explorer assidûment pour en élever encore le niveau. » Cet appel du président Mao fut très vite entendu par les masses de la population qui y répondirent avec enthousiasme. Dans tout le pays, les médecins pratiquant la médecine occidentale, tout en poursuivant cette pratique, commencèrent alors aussi à participer à divers ateliers de formation à la médecine traditionnelle chinoise organisés pour eux. Sur quoi le président Mao ajouta encore quelques mots sur ces ateliers : « Il s'agit là d'une entreprise importante, qu'il ne faut pas traiter à la légère, mais qui demande au contraire un engagement des plus actifs. » Dès lors, le mouvement des ateliers de formation à la médecine traditionnelle chinoise connut un large développement et devint peu à peu pratique courante, tandis que progressait en même temps un courant de formation des praticiens traditionnels à la médecine occidentale.

D'après les données historiques, il y eut, ces années-là, dans toute la Chine, une trentaine de tels ateliers de formation à la médecine traditionnelle, qui ont formé plus de deux mille praticiens de médecine occidentale ; en même temps, ce sont plus de 36 000 personnes travaillant dans les services concernés qui y ont participé. Diverses facultés de médecine et de pharmacie ont également mis en œuvre des cours de médecine traditionnelle. Après avoir traversé une période douloureuse, la médecine traditionnelle chinoise entrait en Chine dans une ère nouvelle. Et, au cœur du mouvement, Tu Youyou approchait doucement, et avec prudence, de la caverne secrète contenant les plus hauts arcanes de la médecine traditionnelle.

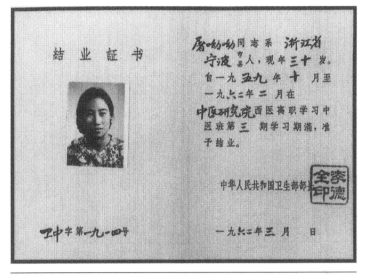

Certificat de fin de cours de formation à la médecine traditionnelle chinoise, phase III

De 1959 à 1962, Tu Youyou prit un congé sabbatique pour participer à la troisième phase des « ateliers de formation en médecine traditionnelle des praticiens de médecine occidentale en congé temporaire », ateliers organisés par l'Institut de recherche en médecine traditionnelle chinoise dépendant du ministère de la Santé. Elle y suivit un cursus de deux ans et demi qui lui donna des bases solides pour ses recherches ultérieures sur la pharmacopée traditionnelle chinoise.

La jeune Tu Youyou n'est pas restée confinée dans son laboratoire, le monde extérieur offrait bien plus de possibilités d'acquérir des connaissances pratiques ; ce n'est en effet qu'en subissant l'épreuve du feu qu'un soldat fait véritablement l'expérience de la guerre. Pour parfaire sa formation en pharmacologie, elle alla donc travailler dans des laboratoires médicaux, pour apprendre des vieux laborantins les techniques de différentiation et de production des médicaments traditionnels. Avec leurs longues et laborieuses années d'expérience, ces vieux maîtres lui apportèrent des connaissances pratiques qu'elle n'aurait jamais pu acquérir dans les livres. Partageant avec elle la richesse de leur savoir, ils lui contèrent toutes sortes d'histoires fascinantes, et lui enseignèrent des remèdes de grand-mère incomparables, apparemment très simples, mais en fait pleins de mystères. En regard des règles de la médecine occidentale, la médecine traditionnelle chinoise comporte trop de « non règles », mais ce sont souvent, justement, les connaissances nées de la pratique populaire et transmises pendant des milliers d'années qui ont permis de sauver d'innombrables vies humaines. Telle un cactus déployant ses racines dans le sable du désert pour en absorber les moindres traces d'eau, Tu Youyou a noté et classé ces données pratiques nées de l'expérience, et les a gravées dans sa mémoire pour ses recherches futures.

En même temps, elle participa à Pékin à un travail de synthèse des expériences pratiques de production de médicaments traditionnels chinois. Lorsqu'elle revint ensuite à la recherche théorique, elle avait acquis des connaissances approfondies de la valeur authentique des plantes médicinales ainsi que des techniques de traitement et production. Quelque temps plus tard, elle participa aussi à un programme de recherche sur le traitement des plantes médicinales organisé par le ministère de la Santé, et devint ainsi l'un des principaux auteurs et éditeurs de l'ouvrage de compilation « Recueil des expériences de traitement de la pharmacopée traditionnelle chinoise ».

Tu Youyou en 1962

La famille sacrifiée au travail

En 1963, Tu Youyou épousa l'un de ses camarades de classe au lycée : Li Tingzhao. A l'époque, il était rare, pour une femme, de se marier à 33 ans. Mais Tu Youyou ne vivait que pour son travail de même que Newton ne vivait que pour la physique. Elle ne se souciait pas du quotidien, ne soignait pas son apparence et ne s'occupait pas des tâches ménagères. La connaissant bien, son mari Li Tingzhao se montrait compréhensif et l'aidait en prenant soin du ménage.

photo de mariage de Tu Youyou et Li Tingzhao

Leur fille aînée naquit à Pékin en mai 1965. Mais, avant même ses quatre ans, elle fut confiée à une crèche en pension complète, car Tu Youyou fut alors envoyée à Hainan pour y effectuer un programme de recherche. Quant à leur seconde fille, Li Jun, née en septembre 1968, ils la laissèrent à Ningbo, après sa naissance, aux soins de ses grands-parents maternels, son grand-père Tu Liangui et sa grand-mère Yao Zhongqian. Cette longue séparation créa un fossé d'incompréhension entre parents et enfants, et lorsque, par la suite, les circonstances leur permirent de reprendre Li Jun, la petite fille refusa de revenir avec eux.

Evoquant ses souvenirs lors d'une interview, bien des années plus tard, la fille cadette de Tu Youyou, Li Jun, exprima le sentiment de désarroi qui fut le sien à l'époque : « Mes parents étaient pour moi des étrangers ; papa, maman étaient des appellations qui n'avaient pas de signification précise. Je n'arrivais pas à comprendre comment ils pouvaient abandonner leur famille pour l'amour de la science, pour leur travail, sans même se soucier de leurs enfants. » Tu Youyou a expliqué : « Quand nous avons rencontré des contradictions, dans notre vie, et que nous avons dû faire des choix, nous avons toujours privilégié le travail, pour l'accomplir au mieux. »

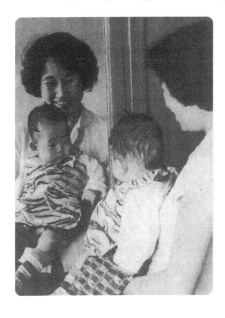

Tu Youyou et sa fille aînée Li Min,
été 1965

Il nous est difficile, aujourd'hui, de comprendre leurs choix, car les destins de toute cette génération sont liés à l'époque : ce en quoi ils croyaient, c'était en la nation, l'action collective et l'esprit de sacrifice.

Les conditions de travail à l'Institut de recherche sur la médecine chinoise étaient alors très mauvaises, le matériel était rudimentaire et faire de la recherche dans ces conditions d'une difficulté inimaginable. Mais, comme l'explique, des années plus tard, son élève Wang Manyuan, « le professeur Tu était d'un caractère particulièrement déterminé et opiniâtre, et elle se

Tu Youyou avec son mari et ses deux filles en 1996, à g. Li Jun, à dr. Li Min

La fille aînée Li Min avec sa grand-mère et son grand-père en 1974

vouait avec abnégation à son travail, ». C'était bien là son caractère, effectivement : c'est sans jamais ménager ses efforts qu'elle a
rassemblé chacune de ses collections de spécimens, réalisé chacune
de ses expériences, rédigé chacun de ses rapports d'analyse.

*Après ses quatre ans d'études à la faculté de médecine de l'université de
Pékin, sa participation aux ateliers de formation à la médecine traditionnelle chinoise et l'expérience pratique acquise au travail, le rêve en
germe au cœur de Tu Youyou commençait à prendre forme.*

5

Rencontre opportune avec le « Projet 523 »

A partir de 1965, Tu Youyou s'est spécialisée dans la recherche en phyto-chimie et c'est l'une des raisons pour lesquelles elle a pu participer au « Projet 523 ». D'un point de vue politique, elle avait, il est vrai, des antécédents familiaux quelque peu problématiques : l'un de ses oncles habitait à Hong Kong, et l'une de ses tantes à Taiwan. Néanmoins, sa personnalité effacée fit l'unanimité, ainsi que ses compétences et son expérience tant en médecine traditionnelle qu'occidentale : elle devint l'un des membres clés d'une toute nouvelle équipe de recherche sur le paludisme, le « Projet 523 », et commença dès lors à s'inscrire dans l'histoire de la recherche sur l'artémisinine, le médicament pour traiter cette maladie.

Aujourd'hui, les laboratoires de l'Institut de recherche en médecine traditionnelle chinoise sont modernes à tous égards et ont un équipement de pointe, mais, quand Tu Youyou a commencé à y travailler, ce n'était pas le cas. Les locaux étaient vétustes et la porte du laboratoire semblait séparer deux univers totalement différents : à l'extérieur, celui de la vie quotidienne et de ses mille nécessités ; à l'intérieur, le monde fastidieux et vaguement oppressant de la recherche médicinale.

Chaque fois qu'elle ouvre cette porte, Tu Youyou ressent toujours comme une impression de cérémonie solennelle qui lui rappelle l'époque où elle travaillait pour le « Projet 523 », plus de quarante ans auparavant...

Invitation à participer au « Projet 523 »

Ce 21 janvier 1969, des bruits de pas vinrent rompre le silence feutré du laboratoire de l'Institut de recherche en médecine traditionnelle chinoise. Les nouveaux arrivants, accompagnés du camarade Tian Xin, étaient Bai Bingqiu et Zhang Jianfang, respectivement directeur et directeur adjoint du « Projet 523 » qui avait été lancé deux ans plus tôt ; ceux chargés de les accueillir étaient Gao Henian, directeur adjoint de l'Institut, et Zhang Guozhen, directeur adjoint du Bureau de recherche sur les médicaments traditionnels.

Après un bref échange détendu de salutations et de menus propos, la conversation en vint finalement au sujet très sérieux de la lutte contre le paludisme. « Les autorités gouvernementales attachent une importance primordiale à la recherche sur la prévention du paludisme, » dit Bai Bingqiu « un gros travail a déjà été réalisé sur les traitements à base de médicaments traditionnels, mais les problèmes restent entiers ; nous avons peu d'expérience, et peu de méthode. C'est pourquoi nous souhaitons que vous participiez à ce projet. » Tout en signifiant leur volonté de « ne pas ménager leurs efforts pour accomplir cette tâche », les responsables de l'Institut avaient déjà, en leur for intérieur, dressé la liste de ceux qui allaient constituer l'équipe de recherche.

Tu Youyou figurait sur la liste de cette mission de recherche nationale, et même mondiale, d'un traitement contre le paludisme, ce qui ne fut pas sans surprendre. En effet, si l'une des raisons motivant son choix pour le « projet 523 » était qu'elle s'était lancée dès 1965 dans la recherche en phytochimie, ses antécédents familiaux étaient en revanche, du point de vue politique, quelque peu problématiques : l'un de ses oncles habitait à Hong Kong, et l'une de ses tantes à Taiwan. Néanmoins, ce qui emporta la décision, ce furent sa personnalité effacée ainsi que ses compétences et son expérience tant en médecine traditionnelle qu'occidentale : elle devint ainsi l'un des membres clés de cette toute nouvelle équipe de recherche sur le paludisme, et commença dès lors à écrire en personne l'histoire du projet de recherche « 523 » qui déboucha sur la découverte de l'artémisinine.

Origines du « Projet 523 »

En quoi consistait donc ce mystérieux « Projet 523 » ? Et quelle était la mission confiée à Tu Youyou ? Pour expliquer cette histoire, il faut partir de la guerre du Vietnam.

Après la Seconde Guerre mondiale, Vietnam, Laos et Cambodge connurent des soulèvements et des conflits armés qui expulsèrent de ces trois nations d'Asie du sud les puissances qui les avaient envahies et colonisées et leur permirent d'accéder à l'indépendance. Le 2 septembre 1945, le chef du Parti communiste vietnamien, Ho Chi Minh, proclame à Hanoi, dans le nord du pays, la fondation de la République démocratique du Vietnam.

Le 10 octobre 1955, avec l'appui des Etats-Unis, Ngo Dinh Diem fonde à Saigon un gouvernement du Vietnam du Sud, créant ainsi une situation conflictuelle. Cependant, ce gouvernement n'avait pas d'appui populaire ; pour empêcher son effondrement, le 5 mai 1961, les Etats-Unis dépêchèrent au Vietnam des forces spéciales nommées « les Bérets verts ».

Dans les années 1960, ensuite, les Etats-Unis envoyèrent des contingents supplémentaires, entraînant une escalade du conflit, avec des pertes très élevées des deux côtés : d'après les statistiques, le conflit fit plus de deux millions de victimes. Mais, favorisée par la guerre, la malaria fit aussi des ravages dans les rangs des soldats. D'après un rapport datant de cette époque, les pertes de l'armée américaine dues à la malaria étaient quatre à cinq fois supérieures à celles dues à la guerre elle-même ; en 1965, le taux de contamination par le parasite de la malaria des effectifs américains stationnés au Vietnam atteignait 50 %. Selon les chiffres officiels, pendant la période 1967-1970, l'armée américaine subit environ 800 000 pertes dues à la malaria sur les champs de bataille vietnamiens. Mais, en fait, le directeur du département de médecine préventive du haut commandement des forces armées américaines a déclaré que les chiffres réels étaient bien supérieurs à ceux annoncés officiellement.

Le paludisme était donc le problème de santé majeur pour les forces armées des Etats-Unis au Vietnam, mais, de leur côté, les forces armées du Vietnam du Nord souffrirent aussi des pertes importantes dues à la malaria quand elles pénétrèrent au Vietnam du Sud.

La propagation de la maladie sur les champs de bataille du Vietnam tenait pour beaucoup à la situation géographique locale.

La péninsule indochinoise où est situé le Vietnam a un climat chaud de type tropical avec un régime de moussons ; comme, en outre, une vaste partie du territoire est montagneuse et couverte de forêts denses, c'est un terrain propice aux moustiques qui s'y reproduisent en toutes saisons, permettant des infections par le parasite Plasmodium falciparum tout au long de l'année. Le plus effrayant, à l'époque, était que le parasite était devenu résistant aux traitements antipaludiques alors connus, traitements à base de chloroquine, pyriméthamine, proguanil et quinacrine qui n'avaient de toute façon que des effets thérapeutiques limités. La mise au point rapide d'un médicament antipaludique non-résistant et efficace devint ainsi l'un des facteurs déterminants pour l'issue de la guerre.

Pour tenter de résoudre le problème, les Américains créèrent des organismes spécialisés et mirent sur pied des dizaines de bureaux de recherche antipaludique dotés d'importants financements. Ils organisèrent à diverses reprises des équipes médicales chargées de conduire des enquêtes épidémiologiques et tester des médicaments sur les lieux des combats, au Vietnam ; ils embauchèrent également des experts médicaux comme conseillers dans la prévention et le traitement du paludisme. En outre, ils menèrent aussi des recherches sur de nouveaux médicaments antipaludiques de synthèse, procédèrent au criblage de certains et pratiquèrent des tests cliniques en coopération avec des organismes de recherche en Grande-Bretagne, en France et en Australie ainsi qu'avec des sociétés pharmaceutiques européennes.

C'est alors que le Vietnam demanda l'aide de la Chine. A la demande du Parti communiste vietnamien, le président Mao Zedong et le Premier ministre Zhou Enlai émirent des directives aux organismes concernés pour les inciter à accorder une priorité à l'étude du paludisme sous les tropiques, et à considérer la prévention et le traitement de cette maladie comme une tâche urgente relevant de la préparation au combat pour venir en aide aux pays tiers.

Signification du « Projet 523 »

Tel qu'il se développa ensuite, le « Projet 523 » dépassa l'objectif initial d'« aide au Vietnam ». Il permit non seulement d'aider la Chine à opérer des actions systématiques de prévention et de contrôle du paludisme, mais aussi de promouvoir la mise sur pied de divers systèmes de prévention et de contrôle, en formant le personnel spécialisé nécessaire. Comme l'a dit le président Mao : « Résoudre vos problèmes, c'est aussi résoudre les nôtres. »

En 1964, utilisant les données de recherche limitées dont ils disposaient, des experts de Bureau de recherches en microbiologie et épidémiologie de l'Institut de médecine militaire proposèrent un médicament à base de pyriméthamine et dapsone, baptisé « Antipaludique 1 », à utiliser essentiellement pour la prévention d'urgence. Ces mêmes experts poursuivirent leurs travaux et, peu après, la même année, mirent au point deux médicaments aux effets plus durables, les « Antipaludique 2 » et « Antipaludique 3 ».

Cependant, à la fin des années 1960, la Chine se trouvait en plein chaos[5]. La recherche scientifique, comme l'économie et la culture, subit des dommages sans précédent ; la recherche antipaludique perdit son statut de « priorité des priorités » pour être reléguée au rang d'objectif d'« importance négligeable ». Mais le Premier ministre Zhou Enlai intervint et émit des directives enjoignant aux chercheurs de collaborer à l'échelon national à des recherches sur des médicaments alliant médecine occidentale et traditionnelle, et visant à traiter les bronchites chroniques, les maladies coronariennes et l'artériosclérose, ainsi que le paludisme. Grâce à ces efforts combinés, on obtint finalement certains résultats dans la lutte contre le paludisme.

Dans ce cadre, le département général de la logistique de l'Armée de libération envoya des invitations à la Commission nationale des sciences et de la technologie[6], au ministère de la Santé et au ministère de l'Industrie chimique, à la commission scientifique de la Défense nationale et à l'Académie chinoise des sciences, ainsi qu'à tous les bureaux concernés à l'échelon national dans les domaines de la recherche scientifique, des traitements thérapeutiques, de la pharmacie et de l'enseignement, tous ces organismes étant appelés à collaborer dans le cadre d'un programme unique afin de mener un projet de recherche commun. Le 23 mai 1967, une réunion nationale pour définir cette collaboration se tint à Pékin sous les auspices de la Commission nationale des sciences et de la technologie et du département général de la logistique de l'Armée de libération, réunissant commissions, ministères et unités de l'armée concernés, ainsi que les dirigeants des divers organismes au niveau des provinces, des régions autonomes, des régions militaires et des villes. En raison de l'urgence, s'agissant d'aide étrangère, le projet fut simplement nommé « 523 » d'après la date de la réunion[7].

En janvier 1969, à l'invitation de Xu Renhe, directeur adjoint de l'hôpital Guang'anmen de l'Institut de recherches médicales, l'« équipe de travail du Projet 523 » se rendit à l'Institut. A ce moment déterminant, chargée à la surprise générale de recherches antipaludiques, Tu Youyou ne savait pas encore que ses études combinant médecine occidentale et médecine traditionnelle chinoise, et l'expérience qu'elle avait acquise dans ce domaine, seraient à l'origine de l'un des épisodes les plus glorieux de l'histoire de la recherche médicinale en Chine, comme dans le monde entier.

6

LA MALARIA, UNE MALADIE TERRIFIANTE

La malaria est une maladie infectieuse qui menace depuis des temps très anciens la santé et la vie humaines, en se transmettant par des piqûres de moustiques ou des transfusions de sang infecté de plasmodium, le parasite causant la maladie. Autrefois, on croyait qu'elle était causée par des « miasmes » flottant dans l'air des marécages ou des vapeurs toxiques, d'où le terme anglais, dérivant de l'italien "mal aria", qui signifie "mauvais air".

Lorsqu'on ouvre les livres d'histoire jaunis datant de plusieurs siècles avant Jésus-Christ, on peut encore ressentir, comme planant dans l'air du temps, l'effroi instinctif que causait la malaria.

Une maladie terrifiante

La malaria est une maladie infectieuse qui menace depuis les temps les plus anciens la santé et la vie humaines, en se transmettant par des piqûres de moustiques ou des transfusions de sang infecté de plasmodium, le parasite causant la maladie. Autrefois, on croyait qu'elle était causée par des « miasmes » flottant dans l'air des marécages ou dans des vapeurs toxiques, d'où le terme anglais, dérivant de l'italien "*mal aria*", qui signifie "*mauvais air*". Encore aujourd'hui, on est effrayé par le pouvoir meurtrier de cette maladie parasitaire.

D'après les références à la malaria consignées dans le chapitre « Pan Geng » des « Annales de la Chine », ouvrage historique datant de plus de 2490 ans[8], on sait que la malaria était déjà répandue il y a quelque trois mille ans, sous la dynastie des Shang. Les documents historiques ultérieurs, tant en Chine qu'à l'étranger, mentionnent tous des histoires de malaria, avec la même expression d'épouvante.

Une feuille mystérieuse

On raconte que, pendant la période des Trois Royaumes, il y a environ 1 800 ans, Zhuge Liang, premier ministre de l'Etat de Shu, mena une armée faire campagne à Nanzhong (au sud-ouest des provinces actuelles du Yunnan, du Guizhou et du Sichuan, c'est-à-dire le Sud-Ouest de la Chine d'aujourd'hui) ; c'était afin de mater une révolte de Menghuo, chef d'une ethnie locale qui, après quelques défaites, se rangea aux avis de son conseiller et se retira à Lushui[9]. Lorsque Zhuge Liang fit ensuite traverser la rivière Lu à son armée, c'était en mars ou avril, période de pointe de la malaria à laquelle succomba une grande partie de ses trois mille soldats. Toute l'intelligence de Zhuge Liang est restée impuissante devant une telle maladie.

Fort heureusement, il fut sauvé, avec quelques-uns de ses soldats, par le général Fubo et un frère de Menghuo qui leur vinrent en aide en leur donnant à mâcher des feuilles d'une plante mystérieuse. D'aucuns pensent aujourd'hui qu'il s'agissait d'*artemisia annua*, ou armoise annuelle[10], que l'on trouve un peu partout dans le bassin du Yangtsé.

Un chant populaire effrayant

En l'an 1300, sous la dynastie des Yuan, Liu Shen, grand conseiller de la province de Huguang[11], envoya une armée conquérir le Yunnan. Poussées à la révolte par les atrocités commises par les soldats, les ethnies minoritaires du Yunnan lancèrent le « Soulèvement des huit cents belles-filles » qui prit l'armée par surprise. En 1301, 60 000 soldats de l'armée de Liu Shen furent piégés dans Xishuangbanna, où sévissait la malaria : neuf hommes sur dix en moururent avant même d'avoir pu combattre, ce qui permit aux rebelles de remporter une grande victoire.

A l'époque, Liu Shen ne connaissait pas l'effrayant chant populaire du Xishuangbanna évoquant la malaria : « Sur dix personnes qui vont à Mengla, neuf n'en reviendront pas ; avant d'aller à Chefonan, faut t'acheter un bon cercueil, et si tu vas à la Digue du Bouddha, mieux vaut d'abord caser ta femme. »

Une déduction hardie

Bien sûr, la malaria n'est pas limitée à la Chine. En fait, les documents historiques montrent que la maladie a une histoire qui remonte à des dates bien plus anciennes dans le monde occidental. Il y a plus de trois mille ans, en Mésopotamie, les Sumériens vivaient dans la terreur de la malaria : ils croyaient que la maladie était un châtiment divin, infligé à l'humanité par le dieu Nergal, dieu des enfers associé à la peste. En 2001, des archéologues britanniques et américains ont découvert des restes de squelettes d'enfants dans une tombe de la Rome antique et, en analysant leurs gènes, y ont trouvé des traces d'infection par la malaria, ce qui les a amenés à en déduire une thèse hardie : que la chute de l'Empire romain aurait peut-être été liée aux ravages de la malaria car, vu le niveau scientifique de l'époque, il n'y avait aucune thérapie connue pour soigner les malades. Le fameux médecin Galien pensait que la malaria était causée par un déséquilibre des fluides corporels et proposait donc un traitement par saignées ou purges. Or, la médecine moderne a démontré que ce genre de thérapie peut causer des anémies ; la pratique de ce « traitement par saignée » a donc pu, au contraire, accélérer la chute de l'Empire romain.

Un détestable despote

Le roi d'Angleterre Henri VIII est l'un des nombreux personnages célèbres qui sont morts de la malaria. Pendant son règne, la maladie a causé la mort de plus de 70 000 personnes, dont la reine elle-même, chiffre effrayant si l'on considère que, au début du 16e siècle, l'Angleterre ne comptait guère que deux millions d'habitants.

On peut dès lors se demander si la malaria avait un quelconque rapport avec les tendances sanguinaires du roi. D'après des documents d'archives, Henri VIII a été infecté par la malaria à l'âge de trente ans et en a souffert de manière chronique par la suite, de même que de migraines et d'ulcères. Certains historiens pensent qu'Henri VIII souffrait de troubles de la personnalité liés aux tourments causés par la malaria, et que c'est la raison pour laquelle il a fait exécuter autant d'innocents autour de lui.

Aujourd'hui encore, au 21e siècle, il y a environ 3,3 milliards de personnes, dans 97 pays ou régions du globe, qui vivent dans des zones à risque, dont 1,2 milliard dans des zones à très haut risque (plus d'un cas de malaria pour mille personnes par an). En 2013, on a recensé 198 millions de cas de malaria dans le monde entier, causant 584 000 morts. Le « scénario catastrophe » de la malaria semble éternellement actuel.

7

HISTOIRE DE LA LUTTE DE L'HUMANITÉ CONTRE LA MALARIA

Outre une division de la malaria en six types distincts, Ge Hong nous a laissé quarante traitements différents, couvrant toutes sortes de domaines pharmacologiques. Il est surprenant de constater que l'artemisia annua, aujourd'hui célèbre, figurait déjà parmi les plantes efficaces dans le traitement de la malaria il y a plus de 1 600 ans, sous la dynastie des Jin de l'Est, alors que la science était encore balbutiante...

Comme il s'agit d'un film catastrophe qui n'en finit pas, il vaut mieux couper le projecteur. Depuis l'apparition de la malaria, l'humanité n'a cessé de la combattre, les plus courageux prenant vaillamment leurs propres armes malgré les critiques, et au péril de leur vie, revenant encore et encore à la charge, en un combat sans fin qui a fait d'innombrables victimes.

Prescriptions d'urgence à conserver sous le coude

En Chine, on trouve un « pionnier de la lutte anti-malaria » dès l'époque de la dynastie des Jin de l'Est[12]. C'était une époque de guerres sans fin, et les champs de bataille étaient des nids de maladies diverses. Mais toutes les périodes troublées ont leurs héros, et l'un d'entre eux, à l'époque des Jin de l'Est, fut Ge Hong, praticien réputé pour ses textes sur la médecine et la pharmacopée traditionnelles que l'on a surnommé « le petit vieil immortel »[13]. Il est sans égal, à l'époque, pour ses recherches sur l'immortalité et la pharmacopée. Pour aider la majorité des gens à maîtriser les techniques de premiers soins et pouvoir les pratiquer tout de suite en cas de besoin, il a écrit un ouvrage médical intitulé « Prescriptions d'urgence à conserver sous le coude ». Il y donne des traitements thérapeutiques pour un grand nombre de maladies, dont prescriptions de médicaments, acupuncture, chiropractie, etc.

Il ne pouvait éviter de traiter de la malaria. Dans la partie de son ouvrage qui lui est consacrée, non seulement il divise la maladie en six types distincts, mais il propose en outre quarante traitements différents, couvrant toutes sortes de domaines pharmacologiques. Il est surprenant de constater que l'*artemisia annua*, aujourd'hui célèbre, figurait déjà parmi les plantes efficaces dans le traitement de la malaria il y a plus de 1 600 ans, sous la dynastie des Jin de l'Est, alors que la science était encore balbutiante

Le Grand Traité d'herbologie de Li Shizhen

Sous la dynastie des Ming, le médecin et naturaliste Li Shizhen mit en œuvre avec tout son talent, son ardeur et son courage la méthode expérimentale dite « Shennong goûte les cent plantes »[14], dont il consigna les résultats dans son ouvrage encyclopédique sans précédent : le *Bencao gangmu* ou « Grand traité d'herbologie »[15]. Et, parmi les quelque 1 892 sortes de plantes médicinales qui y sont recensées, on voit à nouveau figurer l'*artemisia annua*, en tant que « pionnière des traitements contre la malaria ».

Li Shizhen pensait que l'on pouvait utiliser le *radix bupleuri* (ou *chai hu*) pour soigner divers types de malaria, puisque, « suivant les cas de froid ou de fièvre, il peut aider à harmoniser les niveaux d'énergie *yang* » ; mais il a aussi intégré dans sa pharmacopée l'*artemisia annua* ou armoise annuelle du « Classique de phytothérapie de Shennong », et l'a adoptée dans sa propre pratique comme thérapie des « fièvres froides » typiques de la malaria.

Il a cependant aussi noté une autre sorte d'*artemisia* – l'armoise à fleurs jaunes - à la morphologie et aux propriétés curatives différentes, efficace essentiellement dans le traitement des « fièvres froides des enfants », et qu'on a par la suite confondue avec l'armoise annuelle.

Un sésame pour ouvrir les portes de l'empire des Qing

Sous la dynastie des Qing, la malaria a même menacé la vie de l'empereur. Revenant en triomphe après leur campagne victorieuse dans le Sud contre la « Révolte des Trois feudataires »[16], les soldats des huit bannières n'étaient pas conscients qu'ils rapportaient avec eux à la capitale des moustiques contaminés par le parasite de la malaria. Ceux-ci se firent alors les messagers de la maladie, qui commença à se répandre à Pékin ; même l'empereur Kangxi ne put y échapper.

Selon les documents historiques, l'empereur souffrait « d'épisodes de fièvre alternant avec des refroidissements » analogues aux
symptômes de la malaria. N'ayant jamais vu cette maladie, les médecins impériaux ne savaient quel traitement efficace lui donner.
Ils firent donc venir au palais des personnes souffrant aussi de la
maladie pour réaliser des tests cliniques. Mais, après avoir essayé
toutes les thérapies léguées par l'histoire, ils n'en trouvèrent aucune
qui eût quelque efficacité, et en furent réduits à présenter leurs
humbles excuses à l'empereur. Celui-ci fit alors appel à la sagesse
populaire, dans tout le pays, pour trouver un traitement idoine.
Très vite affluèrent à la Cité interdite d'innombrables prescriptions
de médicaments, massages et pilules, et même des textes boudd-
histes. Pour ne pas mettre en danger la vie de l'empereur, les quatre
grands ministres qui étaient responsables de sa sécurité essayèrent
d'abord sur eux-mêmes les divers traitements suggérés, avant de
tester leur efficacité sur les malades ; mais, même ainsi, il s'avéra
impossible de trouver un remède à la maladie dans tout l'empire.

Alors, le peuple commença à s'inquiéter, en se demandant
quel serait leur sort si l'empereur Kangxi venait à décéder, et les
médecins impériaux se préparèrent à payer leur incompétence de
leur mort. C'est dans ces circonstances critiques que se présentèrent deux étrangers tout de noir vêtus, portant une croix sur la
poitrine et demandant à voir l'empereur en bredouillant un sabir
de chinois. C'étaient deux missionnaires qui avaient été ses pré-
cepteurs et expliquèrent à ses ministres que le mal dont souffrait
l'empereur était la malaria, maladie redoutée mais qui pouvait être
soignée avec un médicament utilisé en Occident, la quinine.

Cette proposition déclencha à la cour une controverse qui fit
beaucoup de bruit, mais laissa les ministres sceptiques. Lors des

tests cliniques, cependant, la quinine réussit à guérir trois malades, et les ministres qui en prirent n'en virent pas leur santé affectée, ce qui persuada l'empereur de l'efficacité du remède. Après en avoir pris pendant quelques jours, il fut effectivement hors de danger. A partir de là, et en dépit de l'opposition de ses ministres, il fit venir de grandes quantités du médicament en Chine. La quinine devint ainsi le premier sésame des puissances occidentales pour ouvrir les portes hermétiquement fermées de l'empire des Qing.

La légende du quinquina

Comment les missionnaires occidentaux pouvaient-ils être aussi sûrs de leur fait ? C'est parce que, dès le début du 16e siècle, le voile de mystère entourant la quinine avait été levé sur le lointain continent américain. Le mystère venait d'une légende locale : il y a très longtemps, au bout d'un long périple dans la montagne, un Inca souffrant de la soif à cause d'une forte fièvre due à la malaria ne put trouver pour l'étancher qu'une mare d'eau stagnante. « Que j'en boive ou non, » se dit-il, « je vais mourir de toute façon. » Et il se pencha en riant pour en boire dans le creux de ses mains, puis ferma doucement les yeux. Or, quand il les rouvrit quelques heures plus tard, à sa grande surprise, la fièvre était passée. « Comment cela se fait-il ? » se demanda-t-il joyeusement en regardant tout autour de lui, et son regard s'arrêta sur cette mare peu commune. Un arbre penché au-dessus de l'eau lui donna une idée, et il découvrit quelques temps plus tard que quelques morceaux de son écorce trempés dans de l'eau pouvaient effectivement guérir ses fièvres. Cet arbre mystérieux est connu sous le nom de quinquina (ou *cinchona*), et son écorce devint un remède populaire pour guérir les alternances d'accès de fièvres et de refroidissements.

En 1630, quand l'épouse du vice-roi du Pérou vint lui rendre visite à Lima, elle attrapa la malaria. Le malheureux vice-roi chercha des médicaments partout, mais en vain. Il se mit donc à prier pour son âme en se préparant à sa mort lorsque se présentèrent des sauveurs sous les traits d'Indiens du coin porteurs d'une sorte de décoction faite avec l'écorce d'un arbre qu'ils appelaient « arbre de vie » ; peu après en avoir pris, son épouse fut guérie. Infiniment reconnaissant, le vice-roi se remit à étudier les pouvoirs occultes de la population locale. Et ce mystérieux « arbre de vie », c'est justement le quinquina dont nous avons déjà parlé.

Mais la découverte des traitements à base de quinine ne fut qu'un soulagement provisoire. La recrudescence de la maladie dans le Sud-Est asiatique dans les années 1960 montra qu'elle avait développé une résistance à la plupart des dérivés de la quinine. Dans ces conditions, il était impossible de lutter contre l'extension du fléau et de le maîtriser.

La découverte de Ronald Ross

Né en 1857 à Almora, dans l'Etat d'Uttaranchal, en Inde, Ronald Ross avait pu observer, enfant, la condition misérable des malades luttant contre la malaria. En Inde, à l'époque, la maladie faisait plusieurs millions de victimes chaque année si bien que les Indiens l'avaient appelée « la reine des maladies ».

Bien des années plus tard, devenu médecin, Ross revint à Londres. Un jour qu'il examinait une patiente venue de de l'Essex, région marécageuse du Nord-Est de l'Angleterre, il diagnostiqua qu'elle avait la malaria. Il la vit alors blêmir et s'enfuir, terrorisée.

La maladie n'était pas endémique en Angleterre à l'époque, mais sa gravité était bien connue partout.

A ce moment-là, Ross pensa soudain à sa propre expérience : en Inde, il avait été préoccupé par les maladies causées par les piqûres de moustiques, et avait donc commencé des recherches sur toutes sortes de ces insectes au cours desquelles il avait trouvé que les larves vivent surtout dans l'eau, et que, si l'on réduisait ces lieux d'incubation en faisant baisser le niveau de l'eau, on pourrait diminuer le nombre de moustiques. Ce jour-là, il eut donc une inspiration soudaine, et décida de trouver la relation entre les moustiques et la malaria.

Par la suite, de 1881 à 1894, il fit de nombreux allers retours entre la Grande Bretagne et l'Inde ; non seulement il écrivit alors des récits d'aventures qui eurent beaucoup de succès, mais il fit aussi des études de bactériologie et apprit même à se servir d'un microscope. C'est alors, en 1895, qu'il eut l'occasion de discuter de la question des relations entre la malaria et les moustiques avec le docteur Patrick Manson, qui était un spécialiste des maladies tropicales. Ils continuèrent ensemble les travaux commencés par le docteur Laveran, un médecin français pionnier de la médicine tropicale ; en examinant le sang des marins revenant d'Afrique, ils montrèrent que le parasite de la malaria, le plasmodium, infectait les cellules rouges.

Cette découverte fondamentale fut un grand encouragement pour Ross. Mais, quand il revint en Inde en 1895, toutes les expériences qu'il mena échouèrent. Au bord du découragement, il réalisa soudain qu'il n'y avait peut-être qu'une seule espèce de moustique qui était porteuse du parasite, parmi les milliers d'espèces existantes. Il fit alors des expériences sur des moustiques anophèles en les infectant du sang d'un malade atteint de malaria, nommé Husein Khan : chaque fois que celui-ci était piqué par un moustique, il recevait une pièce de cuivre nommée *anna* (utilisée en Inde à l'époque) ; il en avait dix quand l'expérience prit fin.

Après chaque piqûre, Ross tuait immédiatement le moustique et le disséquait, et il découvrit ainsi avec excitation que le parasite de la malaria avait infecté l'insecte. En 1898, il fut envoyé à Calcutta et, là, disposa d'un laboratoire pour poursuivre ses expériences. Il observa des moustiques qui, après avoir piqué des oiseaux malades, allaient piquer des oiseaux sains et constata que ceux-ci se retrouvaient malades à leur tour. Enthousiasmé, il écrivit aussitôt à Manson pour lui faire part des résultats de ses expériences sur les oiseaux, en ajoutant la description des « cellules en baguette » qu'il avait observées sur les parois stomachales des moustiques et qui, passant dans les hémocèles véhiculant le sang, apparaissaient dans les glandes salivaires une semaine plus tard.

Ross avait ainsi découvert le cycle de vie complexe du parasite de la malaria. En 1902, cette découverte lui valut de recevoir le prix Nobel de physiologie ou médecine. Mais il avait en fait bénéficié des travaux de Laveran auquel fut décerné ce même prix Nobel cinq ans plus tard, en 1907.

Ross avait bien découvert les causes de la maladie, mais son traitement restait inchangé, et, pour les malades, la vie continuait d'être un combat épuisant. En poursuivant cette lutte, chacun espérait qu'apparaîtrait bientôt un remède miracle.

8

LA GUERRE ET LE PALUDISME

Les soldats américains qui souffraient de la malaria en Afrique du Nord et en Polynésie ont eu la chance de trouver de mystérieux comprimés blancs sur des soldats indonésiens qu'ils avaient capturés. Cette trouvaille inspira des recherches médicales et déboucha sur la synthèse de la chloroquine : tout en dissipant les frayeurs suscitées par la maladie, cela permit aux Alliés de passer bien plus vite à une contre-offensive stratégique.

Les désastres causés par l'action humaine venant s'ajouter aux désastres naturels, le 20e siècle a vu se succéder dans le monde entier une suite ininterrompue de guerres qui ont affligé l'humanité, mais ont fourni d'autres occasions d'actions d'éclat dans la lutte contre le paludisme.

La bataille de Gallipoli

Pendant la Première Guerre mondiale, les forces alliées franco-anglaises ont tenté de débarquer à Gallipoli, mais ont été violemment repoussées par l'armée turque, au prix de nombreuses pertes. Cette sanglante bataille, désormais connue comme Bataille de Gallipoli, s'est soldée par quelque 500 000 victimes des deux côtés si l'on inclut les victimes de maladies, la malaria ayant sans doute glané là une riche « moisson ».

La situation est restée au point mort jusqu'au mois de mai. Il faisait très chaud, ce qui favorisait la multiplication des moustiques ; la malaria et la dysenterie ont décimé les nombreux blessés. Après une bataille féroce à la fin du mois de mai, on a dénombré plus de 8 000 morts tombés sur le champ de bataille qui n'avait pourtant que quelques kilomètres carrés. Il s'en dégageait une puanteur qui semblait faire planer dans les airs comme un nuage noir paludique. Afin d'éviter que la maladie se propage, l'un des commandants des forces alliées, le général Birdwood, se rangeant aux conseils de l'équipe médicale, se vit forcé d'ordonner un cessez-le-feu pour enterrer les morts. Pendant les neuf heures que dura cette trêve, le 24 mai, tout le monde participa aux enterrements, des soldats aux missionnaires, et des généraux aux médecins.

La Seconde Guerre mondiale

Pendant la Seconde Guerre mondiale, la malaria a continué à joncher de corps les champs de bataille, en ajoutant sa propre contribution aux pertes. Sur les terrains d'opération orientaux, les soldats japonais qui avaient commis tant de massacres sanglants se virent à leur tour pris pour cibles.

La puanteur que dégageaient les cadavres gagna l'ensemble de la Chine, et devint bientôt une véritable nuée de malaria s'abattant sur tous les coins du pays. Dès lors, devenue le principal théâtre d'opération oriental, la Chine devint aussi l'un des foyers « chauds » de la malaria. Les Japonais pensèrent alors à la quinine, et fourbirent leurs armes pour attaquer les plantations de quinquinas que possédaient les Hollandais à Java, de manière à obtenir un monopole sur cette source de production.

De leur côté, les soldats américains qui souffraient de la malaria en Afrique du Nord et en Polynésie ont eu la chance de trouver de mystérieux comprimés blancs sur des soldats indonésiens qu'ils avaient capturés ; cette trouvaille inspira des recherches médicales et déboucha sur la synthèse de la chloroquine : tout en dissipant les frayeurs suscitées par la maladie, cela permit aux Alliés de passer bien plus vite à une contre-offensive stratégique.

Mais quelle était la situation de l'armée américaine avant l'apparition de la chloroquine ? En avril 1942, la bataille des Philippines faisait rage ; s'appuyant sur ses puissantes forces navales, le Japon lança une offensive générale contre les forces alliées philippino-américaines stationnées à Bataan. L'armée américaine encerclée était alors à cours de munitions et de nourriture ; pour lutter contre la faim, beaucoup de soldats allèrent jusqu'à se nourrir de singes, de lézards et de serpents. 80 % des effectifs américains souffraient de la malaria ; en outre, 75 % d'entre eux étaient aussi atteints de dysenterie, et 35 % du béribéri. Les forces alliées philippino-américains n'étaient plus en mesure de résister aux vagues successives de violentes attaques de l'armée japonaise et furent obligées d'accepter de capituler.

La guerre du Vietnam

Après la Seconde Guerre mondiale, les conflits planètaires ont cessé, mais la malaria a continué à ravager les champs de bataille un peu partout.

En 1964, quand a éclaté la guerre du Vietnam, les soldats américains prétendument « invincibles » ont été envoyés défendre le Sud. Ils n'avaient pas imaginé que leur pire ennemi ne serait pas l'armée du Vietnam du Nord, mais une forme de malaria résistante à la chloroquine présente partout. Selon les données d'archives, le taux de décès hors combat des troupes américaines, dû à la malaria, était trois à cinq fois supérieur à celui du taux de décès au combat. La malaria était donc considérée comme « le problème médical fondamental pour les forces armées américaines au Vietnam : un véritable casse-tête ». Et il était impossible de trouver une solution à court terme. En 1965, le taux annuel de contamination par la malaria des soldats américains au Vietnam avoisinait les 50 %.

L'armée vietnamienne ne pouvait pas, non plus, échapper au fléau. Les soldats contaminés souffraient de fortes fièvres, maux de tête, vomissements, spasmes et convulsions, états comateux et œdèmes cérébraux, le tout pouvant aller jusqu'à la mort. En outre, quand un malade avait été contaminé, il devait être transporté sur un brancard, porté par deux autres soldats, et escorté par un troisième armé, ce qui réduisait fortement l'efficacité opérationnelle de l'armée.

Les séquelles de la malaria après la guerre du Vietnam

La contamination des soldats américains au Vietnam a eu d'autres conséquences néfastes par la suite, comme l'a découvert à ses dépens le vétéran Jim Manuel. Au milieu des années 1980, alors qu'il était traité pour des troubles post-traumatiques au Centre médical de l'Administration des vétérans de guerre, il apprit un jour, lors d'une visite, qu'une étude était en cours sur les anciens soldats qui avaient contracté la malaria au Vietnam ; se disant que ce n'était pas inutile, il accepta avec intérêt d'y participer.

Il n'avait pas anticipé que les tests neurologiques allaient révéler de graves problèmes : une chute de trente points de son QI par rapport aux résultats de sa visite médicale de recrutement dans l'armée, plus des anomalies dans son électroencéphalogramme. Il comprit ainsi soudain les causes de ses cauchemars, de ses sautes d'humeur, de ses fréquents accès de découragement et de dépression, tous ces maux qui avaient déjà, en son temps, torturé Henri VIII.

Lui revint nettement en mémoire ses crises de malaria dans un camp militaire au Vietnam, une dizaine d'années plus tôt. Il s'était engagé dans l'armée en novembre 1965, alors qu'il avait dix-neuf ans. Dix mois plus tard, il s'était retrouvé sur les hauts plateaux du Vietnam près de la frontière avec le Cambodge, dans une compagnie d'infanterie de 158 hommes. D'octobre 1966 à septembre 1967, la malaria fit de 25 à 30 victimes, et jusqu'à onze morts, une fois, en une seule journée. Lui aussi avait malencontreusement été atteint de malaria cérébrale (ou neuropaludisme), mais lui, finalement, avait sauvé sa peau.

Réalisant que la malaria est peut-être plus effrayante encore que la guerre, l'humanité reprit sa lutte acharnée contre ce fléau, en repensant profondément le problème.

9

LANCEMENT DES PREMIERS TESTS ANTIPALUDIQUES

En juillet 1969, c'est-à-dire pendant la saison où la malaria est la plus virulente, le bureau du « Projet 523 » envoya Tu Youyou, Lang Linfu et Yu Yagang travailler à Hainan. Après en avoir discuté avec son époux Li Tingzhao, Tu Youyou se résolut à confier sa fille aînée à une crèche en pension complète, puis partit à Hainan avec ses deux collègues. Ils emportaient avec eux deux types d'extraits avec le plus fort taux d'inhibition de la malaria sur les rats, en l'occurrence des extraits de poivre et d'un mélange de piment et d'alun, afin d'en observer les effets curatifs lors d'essais cliniques. Malheureusement les résultats ne furent pas à la hauteur de leurs attentes : les extraits confirmèrent bien le taux d'inhibition de plus de 80 % observé sur les rats, mais sans parvenir à éradiquer totalement la maladie chez les patients, n'obtenant qu'une amélioration de leurs symptômes.

Après avoir reçu la demande d'assistance du Vietnam, le président Mao, qui avait lui-même souffert de la malaria pendant la guerre, accepta de lui venir en aide : en effet, la maladie n'était pas seulement un problème en temps de conflit, c'était aussi, pour la Chine, une question de santé publique. Après le lancement du « Projet 523 » et le début des travaux sur le paludisme, cependant, si la situation générale s'améliora, avec une diminution sensible des cas de malaria répertoriés sur tout le territoire, il n'y eut pas la percée espérée dans la recherche et le développement de traitements antipaludiques efficaces tant dans l'immédiat qu'à long terme.

Compilation de traitements antipaludiques

Tu Youyou avait 39 ans en 1969 ; comme elle avait de solides connaissances ainsi qu'une bonne pratique en médecine traditionnelle chinoise autant qu'en médecine occidentale, elle fut nommée chef de l'équipe de recherche antipaludique. Au départ, cependant, elle était en fait l'unique membre de l'équipe et se trouvait confrontée à une situation particulièrement difficile : à l'époque, en Chine, la recherche scientifique était presque partout à l'arrêt[17], le matériel était vieux et on manquait de ressources. La situation était bien pire que dix ans plus tôt.

Elle puisa son inspiration de départ dans le livre de l'universitaire Lin Qishou « Analyse chimique des composants des plantes médicinales chinoises » et dans d'autres ouvrages sur l'extraction des composants actifs des plantes de la pharmacopée chinoise. Partant de l'intuition qu'il devait y avoir une part de vrai dans la médecine traditionnelle, elle se mit à étudier les anciens traités d'herbologie, à rassembler et classer les traitements y figurant, et parallèlement à rechercher des médications populaires en consultant des vieux spécialistes.

Pendant cette période initiale, elle a compulsé un grand nombre de documents anciens donnant des traitements, soit à base de plantes individuelles, soit de mélanges de plantes diverses, avec les résultats cliniques ; elle a collecté aussi beaucoup d'anciens ouvrages médicaux, en plus du Grand Traité d'herboristerie, et lu le courrier envoyé à l'Institut de recherche après sa fondation. C'était là une mine d'une grande richesse dont elle a réussi à tirer quelques splendides pépites. Le docteur Pu Fuzhou, célèbre praticien de médecine traditionnelle chinoise, lui recommanda deux sortes de traitements, l'un dit « *Leiji san* » (littéralement « dispersé par la foudre ») et l'autre « *Sheng san zi* » (la formule de « la poudre du sage »)[18] ; un autre célèbre médecin, le docteur Yue Meizhong, lui en suggéra deux autres, « *Muzei jian* » (ou « prêle sauté ») et « *Guizhi baihu tang* » (ou « décoction du Tigre blanc à la cannelle »).

En l'espace de deux mois, Tu Youyou se plongea à corps perdu dans l'étude de la pensée médicale traditionnelle chinoise, sélectionnant et collectant plus de deux mille prescriptions à base de plantes, de minéraux et d'animaux, pour traitement par voie orale ou externe. Elle les compila dans un « Recueil de traitements antipaludiques » comportant plus de 640 entrées, publié en avril 1969 et offert au bureau du « Projet 523 ».

Une certaine armoise annuelle

Lorsque les chercheurs, à l'époque, feuilletèrent ce recueil, ils ne remarquèrent pas que l'armoise annuelle, qui deviendrait par la suite si connue dans le traitement de la malaria, était déjà présente dans tous les coins du livre. Ainsi, à la page 15, on peut lire l'ordonnance suivante :

Armoise annuelle : de 25 à 250 g.

Mode d'emploi : écraser pour en extraire le jus et faire une décoction avec de l'eau, ou la moudre pour la réduire en poudre, et mélanger cette poudre avec de l'eau chaude.

Provenance : Fujian, Guizhou, Yunnan, Guangxi, Hunan et Jiangxi.

Remarques : il y a d'autres modes de préparation dans diverses régions, par exemple 150 g. d'armoise annuelle et 150 g. de faux sésame à prendre en décoction pour un très bon pouvoir curatif.

Toutes ces prescriptions contenant de l'armoise annuelle avaient été intégrées dans la pensée de Tu Youyou et dans ses expériences, mais, à l'époque, elle avait d'abord pour objectif de trouver une herbe médicinale qui puisse prévenir les vomissements induits, dans ses effets secondaires, par un autre remède antipaludique, la dichroine.

Premières salves contre la malaria

En mai 1969, Tu Youyou commença à préparer des extraits aqueux de plantes médicinales et de l'extrait d'éthanol qu'elle envoya ensuite à l'Institut des sciences médicales de l'armée (désigné ci-dessous par « 236 ») comme filtres pour les tests de dépistage. A la fin du mois de juin, elle avait déjà envoyé plus de cinquante spécimens, parmi lesquels les extraits de poivre semblaient les plus efficaces : leur taux d'inhibition de la malaria chez les rats (c'est-à-dire le taux d'inhibition de la croissance cellulaire du parasite) atteignait 84 %

En juillet 1969, c'est-à-dire pendant la saison où la malaria est la plus virulente, le bureau du « Projet 523 » envoya Tu Youyou, Lang Linfu et Yu Yagang travailler à Hainan. Après en avoir discuté avec son époux Li Tingzhao, Tu Youyou se résolut à confier sa fille aînée à une crèche en pension complète, puis partit à Hainan avec ses deux collègues. Ils emportaient avec eux deux types d'extraits avec le plus fort taux d'inhibition de la malaria sur les rats, en l'occurrence des extraits de poivre et d'un mélange de piment et d'alun, afin d'en observer les effets curatifs lors d'essais cliniques. Malheureusement les résultats ne furent pas à la hauteur de leurs attentes : les extraits confirmèrent bien le taux d'inhibition de plus de 80 % observé sur les rats, mais sans parvenir à éradiquer totalement la maladie chez les patients, n'obtenant qu'une amélioration de leurs symptômes.

Bien que le bureau du Guangdong du « Projet 523 » lui eût décerné un certificat d'honneur avec le titre de travailleur émérite parmi « les cinq meilleurs membres d'équipe », l'échec des expériences n'incitait cependant pas Tu Youyou à se réjouir.

En 1970, l'équipe entreprit des recherches approfondies sur le poivre. De février à septembre, Tu Youyou et ses collègues envoyèrent plus de 120 spécimens préparés avec divers extraits et mélanges pour conduire des tests. Les résultats signèrent l'"arrêt de mort" du poivre dans la lutte antipaludique : quels que soient les modes de séparation et d'extraction, il était impossible d'améliorer son efficacité ; on pouvait l'accroître en procédant à des ajustements des taux des composants, mais les résultats cliniques restaient très inférieurs à ceux de la chloroquine.

Après de longues et difficiles discussions, Tu Youyou et ses collègues réalisèrent que, le poivre n'offrant aucune perspective, il leur fallait élargir leur champ de recherche. Ils se répartirent dès lors les tâches, Tu Youyou prenant la responsabilité des expériences sur les herbes médicinales, et Yu Yagang s'occupant des remèdes de sources animales et minérales.

La lumière au bout du tunnel

L'ampleur de la tâche assignée par l'institut « 236 » posait énormément de problèmes à Tu Youyou et ses collègues, surtout en raison des conditions de travail, l'Institut de recherche pharmacologique étant alors mal équipé pour conduire des expériences de détection d'activité antipaludique. Un an seulement après leurs premières expériences, après avoir testé plus de trente spécimens, y compris un extrait d'éthanol avec un taux d'inhibition paludique de 68 %, ils furent obligés d'arrêter les tests de dépistage.

Mais la fortune sourit à ceux qui y sont préparés, dit un dicton chinois. Tu Youyou n'eut pas à attendre longtemps. En 1971, la guerre du Vietnam entrant dans sa phase la plus violente, la malaria fit son apparition dans le Sud de la Chine, entraînant une demande accrue de médicaments antipaludiques en Chine même autant qu'à l'étranger. Du 22 mai au 1er juin, conformément aux instructions du document 29 émis par le Conseil d'Etat et la Commission militaire centrale d'Etat, l'Equipe nationale de recherche antipaludique tint un colloque à Canton sur la prévention et le traitement du paludisme. Le colloque fit le point sur la situation des recherches en Chine, et proposa un plan de recherches à cinq ans fixant des objectifs de base et les moyens nécessaires correspondants. Pendant le colloque, le Premier ministre Zhou Enlai envoya un télégramme pour donner d'importantes instructions afin de renforcer la recherche sur la prévention et le traitement de la malaria dans les zones tropicales. Le mouvement de recherche antipaludique fut ainsi activement relancé dans tout le pays : les équipes de recherche intégrant, au niveau préclinique et clinique, médecine occidentale et médecine traditionnelle, dont l'acupuncture, répondirent sans attendre à l'appel du Premier ministre.

A ce moment-là, un directeur du ministère de la Santé souligna que le travail de recherche du « Projet 523 » sur la médecine traditionnelle chinoise devait être encouragé, et ne devait en aucun cas régresser. Tu Youyou participa au colloque, et son travail fut distingué par les représentants des autorités qui étaient présents. L'Institut de recherche des sciences médicales chinoises reçut de nouvelles instructions pour poursuivre le travail de recherche sur la prévention et le traitement de la malaria par la médecine traditionnelle chinoise. Tu Youyou fut autorisée à constituer une équipe de recherche de quatre membres, sous sa direction : Lang Linfu fut nommé responsable des recherches sur la malaria chez les animaux, en établissant des modèles à partir de l'étude de la maladie chez les rats et les singes, les deux autres membres étant Liu Jufu et Zhong Yurong. Bien que n'étant que quatre, ils travaillaient tellement dur qu'ils parvenaient à réaliser les tests de dépistage sur deux types de spécimens par semaine.

A la mi-juillet 1971, à la tête de son équipe, Tu Youyou avait bien progressé sur la voie longue et difficile des tests sur les herbes médicinales antipaludiques. Au début de septembre, ils avaient réussi à tester plus de 200 spécimens supplémentaires d'extraits aqueux et d'extraits d'alcool préparés à partir de plus de cent types de plantes médicinales. Sur la base des tests ainsi réalisés sur plus de 380 spécimens préparés à partir de plus de 200 plantes médicinales, l'équipe finit par concentrer ses recherches sur l'amoise annuelle (ou *artemisia annua*). Mais les séries de tests réalisés se soldèrent par une déception : le taux d'inhibition du plasmodium ne dépassait pas 40 % dans les meilleurs des cas, et pouvait descendre jusqu'à 12 %.

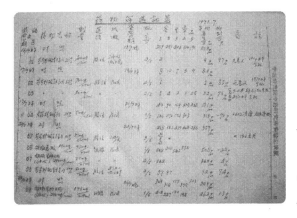

Tableau des résultats des tests réalisés par l'équipe de Tu Youyou sur les plantes médicinales

Ces résultats semblaient enterrer tout espoir de succès pour l'artemisia annua ; pour Tu Youyou, c'était comme jeter un baquet d'eau froide sur le feu de son enthousiasme pour la recherche antipaludique.

10

L'INSPIRATION MENANT
AU SUCCÈS

Au cours d'une de ses lectures, elle tomba sur un passage du « Manuel de traitements d'urgence vol. III, Prescriptions pour traiter les fièvres et sueurs froides n° 16 » qui disait : « Prendre une poignée d'armoise annuelle, faire tremper dans deux litres d'eau, extraire le jus et boire le tout. » Il lui sembla soudain voir un éclair percer les nuages noirs et, un vent violent dispersant l'épais brouillard, la lumière se faire dans les ténèbres. Une idée fantastique lui traversa l'esprit...

Etude approfondie des anciens traités de médecine chinoise

La très faible lueur d'espoir qu'elle avait eue dans le potentiel de l'armoise annuelle avait très vite été anéantie par les piètres résultats obtenus lors des expériences sur la malaria chez les rats. Tu Youyou en vint à douter d'elle-même : l'armoise annuelle serait-elle incapable de traiter la malaria ? Se pourrait-il que les livres anciens ne soient pas fiables ? Leur modèle expérimental était-il erroné ? La pression qui s'exerçait sur elle, s'ajoutant à la fatigue provoquée par la lourde charge de travail, finit par affecter sa santé.

L'armoise annuelle sur laquelle elle et ses camarades avaient tant misé faillit être rayée de la carte, mais elle y revint pour son rôle de médicament traditionnel contre les fièvres.

Patience et longueur de temps, dit-on, sont la clé du succès, même si c'est éprouvant. Pour Tu Youyou et ses camarades, il n'était pas question d'« échec ». Elle se replongea, une fois encore, dans les vieux livres de médecine traditionnelle chinoise.

Comme elle l'avait appris dans les ateliers de formation à la médecine traditionnelle chinoise pour praticiens de médecine occidentale auxquels elle avait participé, et comme l'avait confirmé l'expérience acquise lors de la préparation de son Recueil de traitements antipaludiques, Tu Youyou savait pertinemment que l'armoise annuelle avait été utilisée comme médicament, et, bien qu'il y eût des divergences dans les textes sur ce point, que celui-ci était surtout préparé en faisant bouillir les feuilles. Elle commença alors à réfléchir aux différences recensées dans le Traité d'herboristerie de Shennong, le Manuel de traitements d'urgence et le grand Recueil de plantes médicinales *Bencao gangmu*.

Ce travail d'approfondissement ne fit que renforcer sa confiance dans l'armoire annuelle.

Une soudaine inspiration perce les nuages noirs

Tu Youyou s'attacha alors à lire soigneusement les textes en tentant d'en saisir les moindres détails. Au cours d'une de ses lectures, elle tomba sur un passage du « Manuel de traitements d'urgence vol. III, Prescriptions pour traiter les fièvres et sueurs froides n° 16 » qui disait : « Prendre une poignée d'armoise annuelle, faire tremper dans deux litres d'eau, extraire le jus et boire le tout. » Il lui sembla soudain voir un éclair percer les nuages noirs et, un vent violent dispersant l'épais brouillard, la lumière se faire dans les ténèbres. Une idée fantastique lui traversa l'esprit :

La raison de la faible efficacité constatée de l'armoise annuelle venait peut-être des hautes températures utilisées lors des expériences, ou d'un processus d'enzymolyse. Un traitement antipaludique par l'armoise annuelle nécessitait sans doute d'en revenir, en les perfectionnant, aux méthodes développées tout au long d'une tradition millénaire.

« Manuel de traitements d'urgence vol. III, Prescriptions pour traiter les fièvres et sueurs froides n° 16 » : Prendre une poignée d'armoise annuelle, faire tremper dans deux litres d'eau, extraire le jus et boire le tout.

Dans les diverses expériences effectuées jusque-là, Tu Youyou et ses collègues avaient utilisé différentes méthodes pour trouver des substances antipaludiques ; cependant, la plupart d'entre elles étaient basées sur une augmentation de la température. Or, les anciens avaient réussi à traiter la malaria avec le jus extrait des feuilles d'armoise annuelle parce qu'ils avaient évité, fortuitement, de trop les chauffer. L'artémisinine était-elle donc affectée par les hautes températures ? Et si on arrivait à l'extraire autrement, pourrait-on voir alors le bout du tunnel ?

Mue par son inspiration comme par l'éclat d'une étoile et suivant sans plus hésiter le fil de sa pensée, Tu Youyou en revint à la phase expérimentale en se conformant aux indications : prendre une poignée d'armoise annuelle, faire tremper dans deux litres d'eau, extraire le jus et boire le tout.

11

LE SPÉCIMEN N° 191

Une longue exposition à l'éther et à d'autres solvants organiques est nuisible à la santé, et nombreux furent ceux qui en furent affectés ; Tu Youyou elle-même fut atteinte d'une hépatite toxique, mais ils étaient trop occupés pour se soucier de ces problèmes. Ils n'étaient d'ailleurs pas les seuls : à l'époque, beaucoup d'autres chercheurs en Chine privilégiaient d'abord le bien collectif de la nation, et donnaient la priorité au sacrifice personnel.

Nouvelle méthode d'extraction

La température étant, selon les anciens livres, la clé du succès de l'extraction de l'artémisinine, Tu Youyou et son équipe ont travaillé sans tarder à mettre au point un nouveau procédé à basse température.

A partir de septembre 1971, sous sa direction, l'équipe a méticuleusement repensé la question, et élaboré une nouvelle méthode d'extraction des composants actifs de l'armoise annuelle. Ils sélectionnèrent des feuilles, cueillies à l'automne, d'artemisia annua de Pékin arrivée à maturation, et conduisirent tour à tour une série d'expériences en utilisant des méthodes diverses.

Les extraits obtenus avec de l'eau et de l'éther se révélèrent sans effets lors des expériences pharmacologiques pratiquées sur la malaria des rats ; l'extrait obtenu par immersion dans une solution d'éther, à des températures ne dépassant pas 60°, se montra d'une certaine efficacité lors des tests sur ce type de malaria, mais ses effets disparaissaient si la température augmentait ; quant à l'extrait à l'éther obtenu par chauffage modéré au reflux, il montra lors des mêmes tests un taux d'inhibition élevé, mais aussi un effet stable.

Dans son ouvrage « L'artemisia annua et les traitements à base d'artémisinine », le seul jamais publié par Tu Youyou, paru en 2009 aux Editions de l'industrie chimique, on trouve la description suivante : « Il est tout particulièrement à noter que, lors de l'extraction de l'artémisinine, la clé du succès tient dans le contrôle de la température au-dessous de 60° ; mais, si l'on prend le monomère d'artémisinine obtenu par séparation et qu'on le fait bouillir dans de l'eau pendant une demi-heure, ou si on le fait chauffer au reflux dans de l'éther pendant quatre heures, les effets ainsi obtenus sont stables. »

Le spécimen 191

Après d'innombrables nuits sans sommeil, à en oublier le boire et le manger, le 4 octobre 1971, Tu Youyou et son équipe parvinrent enfin au résultat tant attendu, et depuis si longtemps, lors de leur expérience sur l'extrait 191 d'artémisinine avec de l'éther diéthylique : cet extrait obtint un taux de 100 % d'inhibition du plasmodium, avec des effets toxiques secondaires réduits et une remarquable efficacité antipaludique.

Leurs procédures expérimentales peuvent être résumées comme suit : en premier lieu, les extrémités des feuilles préalablement traitées d'artemisia annua sont placées dans un bain d'éther, pour extraction à froid, de manière à ce que les composants des feuilles se dissolvent lentement dans la solution, en formant l'extrait après élimination des déchets ; cependant, ce premier extrait n'a encore qu'une efficacité antipaludique réduite, il faut donc, dans un second temps, concentrer cet extrait en le chauffant pour obtenir une efficacité optimale.

En raison du dosage relativement élevé d'éther nécessaire dans ce processus, et de sa toxicité, Tu Youyou et son équipe ont utilisé une solution d'hydroxyde de sodium à 2 % pour séparer le concentré d'éther en un extrait neutre et un extrait acide, et ils ont alors effectué leurs expériences avec les deux types d'extraits. Les expériences montrèrent que l'extrait acide donnait des résultats dont l'efficacité était nulle, et en outre avec une toxicité très élevée ; seul l'extrait neutre permettait des résultats efficaces.

résultats d'expériences notés par Tu Youyou en 1971, montrant un taux d'inhibition du plasmodium de 100 % obtenu lors de la 191ème expérience.

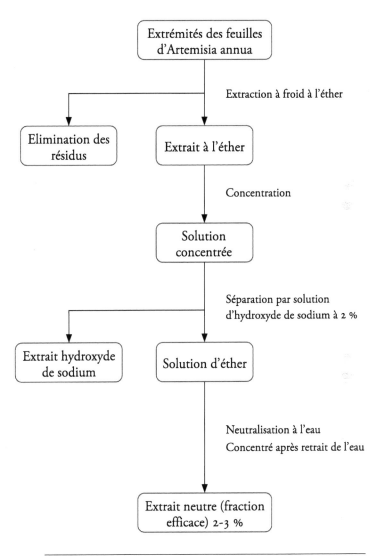

organigramme des opérations d'extraction des composants actifs
antipaludiques d'artemisia annua

Le faible point d'ébullition de l'éther

Pourquoi donc l'éther s'est-il révélé particulièrement apte à être utilisé dans le processus d'extraction de composants antipaludiques efficaces de l'artemisia annua ? C'est parce que l'éther diéthylique est un liquide incolore, transparent et volatile, à l'odeur âcre, qui, dans les conditions standard de pression atmosphérique, a son point d'ébullition à 34,6 °. En raison de ce point d'ébullition très bas, la température maximale atteinte lorsqu'on le chauffe pour le concentrer ne dépasse pas ce chiffre, et reste donc loin de 60°, la température à laquelle les composants antipaludiques actifs sont détruits. En outre, toute extraction dans ces conditions a un autre avantage : les composants dissous par l'éther à l'extrémité des feuilles sont relativement peu nombreux, les impuretés sont donc rares, ce qui facilite le processus de purification.

A l'époque, les conditions d'expérimentation étaient des plus sommaires. Afin d'obtenir le plus possible d'extraits à l'éther d'artemisia annua dans les temps les plus brefs, Tu Youyou et son équipe ont effectué leurs expériences dans sept grandes cuves à eau, au lieu de les faire dans le matériel de laboratoire destiné aux opérations de ce genre. Le laboratoire ne disposait pas de système de ventilation, ni d'équipements de protection. Tu Youyou et ses collègues ont commencé à travailler avec de simples masques de gaze sur le visage. Or, une longue exposition à l'éther et à d'autres solvants organiques est nuisible à la santé, et nombreux furent ceux qui en furent affectés ; Tu Youyou elle-même fut atteinte d'une hépatite toxique, mais ils étaient trop occupés pour se soucier de ces problèmes. Ils n'étaient d'ailleurs pas les seuls : à l'époque, beaucoup d'autres chercheurs en Chine privilégiaient d'abord le bien collectif de la nation, et donnaient la priorité au sacrifice personnel.

Recherches sur l'artemisia annua

Avant d'obtenir l'extrait d'artemisia annua efficace contre la malaria, Tu Youyou et son équipe avaient mené de longues recherches pour identifier et tester la plante, ce qui leur avait permis de découvrir que les jeunes pousses de la plante ne contiennent pas d'artémisinine, et qu'on en trouve seulement dans les feuilles (à l'exclusion des tiges et des racines), les composants les plus actifs se trouvant à l'extrémité la plus tendre de celles-ci. Le meilleur moment pour la cueillette est l'automne, car, en cette saison, l'artemisia annua n'est pas encore en fleur, et c'est alors que les feuilles sont les plus belles. En outre, il faut utiliser les feuilles l'année même où elles ont été cueillies, car l'efficacité de leurs composants diminue au fur et à mesure de leur temps de stockage.

C'est au bout de trois ans de travail, et après bien des péripéties, que les recherches sur l'artemisia annua ont enregistré une première victoire ; au cours de ces travaux, de nombreux animaux ont joué un rôle important, et en particulier des souris blanches.

12

UNE HISTOIRE DE SOURIS BLANCHES

Après avoir sélectionné des souris en bonne santé pesant de 18 à 22 grammes, Tu Youyou leur inocula la malaria en leur injectant dans l'abdomen du plasmodium prélevé sur du sang pris sur des souris malades. Dans les 24 heures après l'injection, le composant d'artemisia annua obtenu avec l'extrait d'éther neutre fut injecté dans l'estomac des souris où il commença alors son « périple antipaludique ».

Au cours des recherches sur un médicament, chaque spécimen obtenu en laboratoire doit être soumis à des tests pharmacologiques puis à des tests cliniques pour vérifier s'ils sont actifs, efficaces ou toxiques. Il en a été de même pour l'artémisinine : après obtention d'un composant actif de l'artemisia annua avec un extrait d'éther neutre, le résultat était aussitôt soumis à des tests de laboratoire sur des souris pour évaluer son efficacité et son degré de toxicité. C'est donc grâce aux souris, jouant le rôle de juges, qu'a pu être déterminé le succès de la première phase de recherche.

Tests d'efficacité pharmacologique

Après avoir sélectionné des souris en bonne santé pesant de 18 à 22 grammes, Tu Youyou leur inocula la malaria en leur injectant dans l'abdomen du plasmodium prélevé sur du sang pris sur des souris malades. Dans les 24 heures après l'injection, le composant d'artemisia annua obtenu avec l'extrait d'éther neutre fut injecté dans l'estomac des souris et il commença alors son « périple anti-paludique ».

Au bout d'un certain temps, quelques minutes ou quelques heures plus tard, les adorables petites souris regardaient Tu Youyou d'un regard étonné, certaines se livrant même à de joyeuses gambades. Les ayant très vite examinées, Tu Youyou trouva qu'elles étaient en excellente santé.

Ce processus fut répété à plusieurs reprises dans les trois jours suivants, en prélevant du sang de la queue des souris 24 heures après la dernière injection de plasmodium pour observer l'évolution de la situation. Les résultats de ces expériences ont montré que toute trace de plasmodium avait alors disparu du corps des souris. Le succès de ces tests représentait une première réussite dans la voie menant à la découverte de l'artémisinine.

Peu de temps plus tard, l'équipe de recherche effectua des expériences similaires sur des singes et les résultats montrèrent que l'artémisinine obtenue avec un extrait d'éther neutre avait aussi des effets antipaludiques avérés sur la malaria des singes.

Tests de sécurité

Après avoir sélectionné des souris en bonne santé, elles furent mises en observation pendant trois jours après une injection unique de plasmodium, afin de déterminer, entre autres, la dose létale médiane – un médicament étant d'autant plus sûr que cette dose est élevée. L'expérience montra que la dose létale médiane de l'extrait à l'éther neutre d'artemisia annua était de 7,425 mg/kg. Ce qui signifie que, pour chaque kilogramme d'extrait, il fallait une concentration de 7,425 mg de substance active pour tuer la moitié des souris étudiées, ce qui en faisait un extrait relativement peu toxique.

L'équipe a ensuite poursuivi ses recherches avec des expériences de toxicité cardiaque sur des souris, des chats et des chiens, de toxicité gastrique sur treize chiens en bonne santé et de toxicité rénale sur dix chiens en bonne santé, en procédant en outre à des examens pathologiques sur huit chiens répartis en deux groupes.

Tu Youyou avait maintenant entièrement confiance. Les expériences avaient prouvé que ses intuitions étaient justes : tous les animaux avaient passé les tests en toute sécurité. Les expériences avaient montré que, à part quelques légers effets temporaires sur les transaminases du foie chez quelques animaux, l'extrait à l'éther neutre n'avait aucun effet secondaire notable sur d'autres organes.

Les souris, les chiens, les singes et autres animaux jouent des rôles importants dans les expériences de pharmacologie et de sécurité des médicaments, pas seulement dans le cas des expériences menées par Tu Youyou et son équipe. Aujourd'hui encore, ils sont pour les chercheurs des partenaires essentiels, qui continuent de se sacrifier pour la santé de l'humanité. Il faut leur en savoir gré et les en remercier en compatissant à leur sort.

13

SE PRENDRE SOI-MÊME COMME COBAYE

« Nous allons organiser des tests. Pour ce faire, je prévois d'augmenter peu à peu les dosages. Je vais commencer en les testant sur moi-même, mais j'aurai besoin de deux autres personnes, y a-t-il des volontaires ? » A cet instant-là, l'excitation qui régnait dans la discussion se calma soudain et un silence total se fit dans le bureau. « Puisque personne n'a d'objection, allons-y ! »

Impossible d'abandonner

Lors d'un test préclinique de l'extrait à l'éther neutre conduit, peu après sa découverte, sur des chiens, l'un des animaux manifesta une réaction toxique.

La sécurité antipaludique de l'extrait fut aussitôt mise en doute. Mais, sur la base des preuves fournies par les tests de toxicité qu'ils avaient précédemment effectués sur divers animaux, Tu Youyou et son équipe étaient certains de pouvoir garantir la sécurité de l'extrait ; en outre, dans les livres anciens qu'elle avait étudiés, elle n'avait trouvé, sur plusieurs millénaires, aucune mention de toxicité concernant l'artemisia annua. Cependant, de nombreux chercheurs pensaient qu'il pouvait y avoir des effets toxiques cachés qui n'avaient pas été mis en évidence lors du processus d'extraction ou des expériences sur les rats. D'autres encore proposèrent même d'en revenir à l'étude du poivre.

Les recherches étaient dans l'impasse, les propriétés antipaludiques de l'artemisia annua contestées : le programme affrontait son heure de vérité.

Un soir, vers minuit, alors que les membres de l'équipe étaient plongés dans une discussion sur certains détails d'organisation de nouvelles expériences, Tu Youyou, qui était restée longtemps silencieuse, déclara soudain d'une voix ferme :

« Je pense qu'on ne peut pas abandonner l'artemisia annua. »

« Il faut absolument s'assurer qu'elle n'a pas d'effets indésirables sur l'homme, mais on ne peut pas nier sa valeur à cause d'un seul cas négatif. »

Tu Youyou donne l'exemple en faisant des tests sur elle-même

« Nous allons organiser des tests. Pour ce faire, je prévois d'augmenter peu à peu les dosages. Je vais commencer en les testant sur moi-même, mais j'aurai besoin de deux autres personnes, y a-t-il des volontaires ? » A cet instant-là, l'excitation qui régnait dans la discussion se calma soudain et un silence total se fit dans le bureau. « Puisque personne n'a d'objection, allons-y ! »

Les tests pratiqués sur soi-même sont, pour un expert en pharmacognosie, la preuve 'd'une totale confiance dans le médicament qu'il a lui-même développé lors de ses recherches. A l'époque, Tu Youyou ne se posait pas autant de questions ; elle voulait juste être la première à tester l'efficacité de l'artémisinine, et seul un test sur elle-même lui permettrait de sentir clairement, en personne, les vertus curatives de ce médicament qu'elle avait développé.

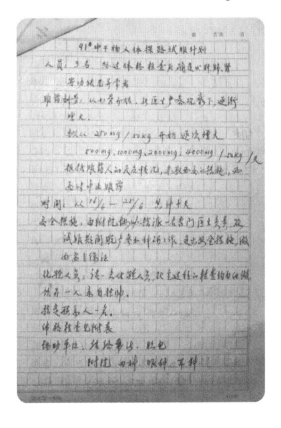

Descriptif du projet
de test exploratoire

Après approbation de leurs supérieurs, le premier groupe de participants aux tests comptait trois personnes : outre Tu Youyou,

Lang Linfu et Yue Fengxian. En juillet 1972, ils allèrent s'installer à l'hôpital de Dongzhimen, affilié à la Faculté de médecine chinoise de Pékin. Les tests étaient intitulés « Tests exploratoires de médicament ». Afin d'assurer la sécurité des testeurs, l'équipe de recherche fixa la dose initiale individuelle à 0,35g. Sous le contrôle rigoureux de l'hôpital, les doses furent progressivement augmentées, à 0.5 g, 1.0 g, 2.0 g, 3.0 g, 4.0 g et 5.0 g. La dose fut prise chaque jour et ce pendant sept jours. Au bout de la semaine, on ne constata aucun effet secondaire ni aucun effet toxique évident de l'extrait sur l'homme.

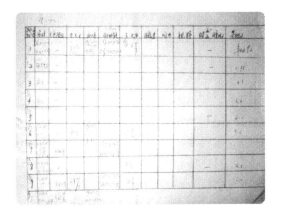

Données du test exploratoire concernant Tu Youyou

Tu Youyou, à l'époque, n'était pas en très bonne santé, et ses deux filles étaient encore toutes petites ; elle ne s'est pourtant pas laissé arrêter par des considérations personnelles. Shi Yigong, vice-président de l'université Qinghua, a commenté sa décision en ces termes : « Dans le contexte de l'époque, il a dû être très difficile de se livrer à une telle expérience. Quand les chercheurs pratiquent des tests sur eux-mêmes, c'est la preuve incontestable de leur abnégation et de leur esprit de sacrifice. »

Tests cliniques supplémentaires

En août 1972, Tu Youyou partit avec une équipe médicale de l'Institut de recherche de médecine traditionnelle chinoise faire des tests cliniques sur le médicament en développement dans la zone impaludée de Changjiang, à Hainan. Pour effectuer les tests avec des dosages flexibles comme la première fois, et démontrer de manière concluante l'efficacité de l'artémisinine, les patients furent organisés en groupes : un groupe de cinq fut sélectionné pour prendre une dose de 3.0 g deux fois par jour pendant trois jours. Pendant la période du test, mais aussi avant et après, la procédure incluait des examens du cœur (électrocardiogramme), du foie et des reins, ainsi qu'une radio des poumons et des analyses de routine de sang, d'urine et de selles. Trois jours plus tard, les résultats de ces examens furent transmis à Tu Youyou, avec ceux des tests auxquels elle avait elle-même participé. Quand elle ouvrit le dossier, elle avait les mains qui tremblaient d'émotion, mais ce qu'elle lut était exactement ce qu'elle attendait : pour le groupe des cinq patients de Hainan, les résultats des analyses de sang et d'urine étaient normaux après la prise du médicament ; les fonctions rénales étaient dans une fourchette normale ainsi que l'azotémie ; avant et après la prise du médicament, l'électrocardiogramme et la radio des poumons étaient normaux, et il n'y avait pas de changement notable de la pression sanguine ; le fond de l'œil était également normal et la vision identique avant et après le test ; la température et le pouls étaient normaux, et il n'y avait aucun symptôme clinique dans le système respiratoire, le système urinaire ou le système nerveux. Le seul effet secondaire toxique concernait un léger problème au niveau du tube digestif, deux patients ayant souffert de douleurs abdominales une heure après avoir pris le médicament. Mais le problème était resté sans gravité, et la douleur s'était résorbée d'elle-même, sans besoin de traitement.

Les résultats des tests cliniques sur l'homme montrèrent donc que l'extrait neutre contenant l'artémisinine n'avait aucun effet notable sur les organes des personnes testées, le seul effet, léger et temporaire, noté jusque-là étant celui sur les transaminases du foie apparu chez quelques animaux.

Dans la zone impaludée de Hainan, Tu Youyou et ses collègues réalisèrent un total de 21 tests cliniques antipaludiques, sur un groupe de onze patients souffrant de fièvres tertianes, un groupe de neuf autres souffrant de la forme maligne de la maladie, et un patient souffrant d'une infection mixte. Tous souffraient de fièvres persistantes à 40°, qui furent miraculeusement guéries en quelques jours, le plasmodium ayant été éliminé en quasi-totalité. L'artémisinine faisait ainsi preuve d'une efficacité bien supérieure à la chloroquine dont l'action est lente. Ces nouveaux tests accrurent la confiance que Tu Youyou et les autres chercheurs avaient dans l'artémisinine.

Quelques temps plus tard, les mêmes tests furent reconduits sur neuf patients à l'Hôpital militaire de Chine n° 302, et avec d'excellents résultats.

En août 1973, autre été marqué par une forte recrudescence de la malaria, Tu Youyou revint dans la zone impaludée de Changjiang à Hainan, pour effectuer des tests cliniques avec un monomère d'artémisinine purifié à partir de composants actifs d'artemisia annua. En raison de problèmes de systole mis en évidence sur quelques patients avant les tests, le nombre de participants fut réduit de quatorze à huit, mais les tests furent à nouveau un succès.

Tu Youyou pouvait enfin respirer. Elle se rappelait, près de deux ans plus tôt, cette journée mémorable du 4 octobre 1972, à l'issue de laquelle elle avait trouvé que le spécimen 191 parvenait à un taux de 100 % d'inhibition du plasmodium chez le rat. A l'époque, elle n'avait pas imaginé que, deux ans plus tard, la communauté scientifique organiserait une journée commémorative et que de très nombreux chercheurs du monde de la médecine et de la pharmacopée traditionnelle chinoise se réuniraient là en y voyant la réalisation de leurs ambitions.

14

SYMPHONIE ANTIPALUDÉENNE

Il est difficile aujourd'hui d'imaginer quand aurait finalement été mis au point un médicament qui sauve aujourd'hui des millions de vie tous les ans, si Tu Youyou et ses collaborateurs n'avaient fait preuve d'autant de ténacité. Et il est tout aussi difficile d'imaginer, dans ces conditions, le sang et la sueur qu'il leur aura fallu verser pour parvenir à mener à bien leurs recherches.

Ouverture

Avant le début des tests exploratoires, une réunion se tint à Nankin le 8 mars 1972. Gagnant la tribune pour faire son rapport au nom de l'équipe, Tu Youyou était pleine d'enthousiasme. Dans sa communication, intitulée « Recherche, guidée par la pensée de Mao Zedong, sur les herbes médicinales antipaludiques », elle cita un grand nombre de faits scientifiques et de données expérimentales montrant l'efficacité de l'artémisinine dans le traitement de la malaria. Outre les techniques de pointe utilisées, elle ne manqua pas de souligner aussi le remarquable esprit d'investigation scientifique présidant à ses recherches :

> *Le processus visant à tester en laboratoire le degré d'efficacité antipaludique du médicament, loin d'être sans problème, nous a obligés à procéder par tâtonnements, par essais répétés et correction des erreurs.*

> *Nous avons été inspirés et éclairés par la pensée du président Mao recommandant d'agir sans cesse « par la pratique et encore par la pratique pour arriver à la connaissance » ; c'est cette pensée qui nous a soutenus pour dépasser l'« échec » constaté lors d'un test et en surmonter la difficulté. Cette expérience a bien montré qu'« On ne peut arriver à une connaissance correcte qu'en passant sans cesse de la matière concrète à l'abstraction de l'esprit, et de l'abstraction de l'esprit à la matière concrète, en d'autres termes de l'expérience à la connaissance et de la connaissance à l'expérience ». C'est en répétant ainsi ce processus à de multiples reprises que nous avons pu avancer.*

> *Il nous reste encore beaucoup à faire, nous n'en sommes qu'au tout début ; il nous faut maintenant poursuivre nos recherches par des tests cliniques, c'est là qu'est la phase décisive dans le développement d'un médicament.*

La communication de Tu Youyou à cette réunion suscita un grand enthousiasme pour la recherche antipaludique. Une véritable fièvre s'empara des chercheurs et des experts, beaucoup pensant pouvoir émuler les travaux menés par Tu Youyou. Sous l'impulsion du bureau « 523 », de plus en plus de chercheurs s'engagèrent dans cette voie.

Au creux de la vague

C'est après la réunion de Nankin que Tu Youyou a essuyé le plus terrible revers dans son travail de recherche : leur laboratoire fut la proie d'un incendie, et une grande partie de leurs données fut détruite dans le sinistre. En dépit du désastre que cela représentait pour elle, Tu Youyou ne fléchit pas dans sa détermination de poursuivre les recherches et se remit d'arrache-pied à l'œuvre, travaillant nuit et jour avec son équipe pour restaurer les données perdues et retrouver les résultats des expériences préalablement réalisées.

Il est difficile aujourd'hui d'imaginer quand aurait finalement été mis au point un médicament qui sauve aujourd'hui des millions de vie tous les ans, si Tu Youyou et ses collaborateurs n'avaient fait preuve d'autant de ténacité. Et il est tout aussi difficile d'imaginer, dans ces conditions, le sang et la sueur qu'il leur aura fallu verser pour parvenir à mener à bien leurs recherches. Pour aller plus vite et mettre à profit la période optimale d'expérimentation, ils ont préparé l'extrait d'artemisia annua à l'éther dans de grandes cuves à eau afin de disposer des doses requises pour continuer leurs recherches en effectuant les tests cliniques.

Marée haute

Au séminaire du 5 novembre 1972 sur « Les conditions de recherches en matière de prévention et de traitement de la malaria

», Tu Youyou fit une communication spéciale pour présenter l'état de la recherche antipaludique menée avec l'artemisia annua. A un grand colloque organisé à l'échelon national par le bureau « 523 », qui se tint à Pékin le 17 novembre 1972, Tu Youyou donna pour la première fois une synthèse de l'efficacité curative de l'artemisia annua corroborée par un total de trente tests. En conséquence, le Bureau de recherche en pharmacologie chinoise de l'Institut de recherche en médecine traditionnelle chinoise vit son statut s'améliorer progressivement, et la recherche antipaludique sur l'artemisia annua connut un regain de popularité dans toute la Chine.

A la suite de ce colloque, le travail de recherche progressa grâce à la participation de plusieurs organismes de diverses provinces. Celles du Shandong et du Yunnan furent pionnières : les bureaux de recherche en pharmacologie chinoise des deux provinces écrivirent chacun à l'Institut de recherche en médecine traditionnelle chinoise pour demander des informations supplémentaires sur le type d'artemisia annua utilisé, afin de compléter leurs connaissances sur ses propriétés, les résultats des tests cliniques, les effets secondaires observés, etc. Développant très vite leurs propres activités dans ce domaine, l'Institut de recherche pharmacologique du Shandong, en lien avec l'Institut des maladies parasitaires de la même province, devint la seconde unité de développement de l'artémisinine, tandis que l'Institut de recherche pharmacologique de la province du Yunnan en devenait la troisième unité.

Les échanges et la coopération entre diverses unités de recherche ne firent ensuite que progresser. De l'automne à l'hiver 1973, les responsables en charge du Bureau « 523 » et de l'Institut de recherche en pharmacologie chinoise firent plusieurs voyages au Shandong et au Yunnan pour s'informer de l'état des recherches antipaludiques dans les deux provinces.

En 1974, le Bureau « 523 » chargea l'Académie des sciences médicales chinoises d'organiser un colloque sur « La collaboration nationale en matière de recherche antipaludique sur l'artémisinine », qui se tint du 28 février au 1er mars. A la suite de ces journées, des informations concernant leurs recherches sur l'artémisinine furent dévoilées par les laboratoires de l'Institut de recherche en pharmacologie de l'Académie des sciences médicales chinoises. Par ailleurs, outre cette campagne d'information du public, les laboratoires ouvrirent leurs portes pour des visites publiques, afin de promouvoir une meilleure compréhension de la recherche antipaludique. Ensuite, encouragée par ces actions, la communauté des chercheurs lança une opération de mobilisation, une véritable « tempête antipaludique » qui jeta les bases de coopérations à l'échelon national.

Par la suite, des « équipes antipaludiques » se développèrent dans tout le pays. Outre les provinces du Shandong et du Yunnan déjà mentionnées, d'autres provinces se joignirent au mouvement, dont celles du Sichuan, du Guangxi et du Guangdong. Leurs actions combinées portèrent la recherche sur les traitements de la malaria à un nouveau sommet. En 1975, la Faculté de médecine traditionnelle chinoise de Canton entra dans le circuit, augmentant les capacités de tests de validation des médicaments à base d'artémisinine et devenant la sixième unité de développement de l'artémisinine.

Selon les chiffres cités dans le compte rendu de la réunion d'évaluation de l'artémisinine tenue en 1978, plus de quarante unités ont participé aux travaux de recherche, tandis que dix provinces, municipalités et régions autonomes ont pris part aux

tests cliniques ; au total, quelque 6 555 patients et 2 099 prépara-
tions différentes d'artémisinine ont été testés. De tels chiffres sont
rarement atteints, même aujourd'hui, dans la recherche médicale
moderne.

*Alors, l'étincelle d'intérêt pour la recherche antipaludique allumée par
Tu Youyou mit véritablement le feu à la plaine. A sa suite, des chercheurs de tous les coins du pays, des organismes les plus divers, épousèrent
la même cause et y apportèrent leur propre contribution.*

15

DU CRISTAL AU PRODUIT
PHARMACEUTIQUE

En 1972, Tu Youyou et son équipe réussirent pour la première fois à extraire de l'artemisia annua un monomère antipaludique efficace, extrait qui fut baptisé artémisinine. En travaillant d'arrache-pied nuit et jour, ils sont parvenus à isoler plus de cent grammes d'artémisinine qu'ils ont ensuite soumis à des tests cliniques et utilisés pour en identifier la structure chimique.

Extraction du monomère antipaludique

Après avoir réussi à obtenir l'extrait à l'éther neutre, Tu Youyou et son équipe se lancèrent aussitôt dans le travail d'extraction du monomère antipaludique d'artemisia annua.

En médecine traditionnelle chinoise, il y a trois grandes méthodes d'extraction : la méthode par solvant, la méthode par distillation à la vapeur et la méthode par sublimation ; mais aucune d'entre elles ne semblait permettre l'extraction de cristaux d'artémisinine. Aucun des extraits obtenus par chacune de ces méthodes ne pouvait être utilisé directement, et l'élément actif initial dut être soumis à plusieurs opérations successives de séparation avant d'obtenir un extrait actif opérationnel.

Tu Youyou et son équipe mirent au point un système expérimental basé sur une succession d'expériences, chacune affinant les résultats de la précédente. Ils procédèrent d'abord en mélangeant l'extrait à l'éther neutre avec un polyamide, et en plongeant le mélange dans un bain d'éthanol à 47 %, puis en opérant sur le liquide obtenu une concentration par décompression ; à partir de cette solution concentrée, ils ont ensuite effectué une nouvelle extraction à l'éther neutre, et purifié l'extrait ainsi obtenu grâce à une chromatographie sur colonne, par gel de silice. En utilisant comme éluant de l'éther de pétrole, ils ont enfin obtenu deux types d'huile, une jaune et une orange, permettant l'obtention d'une part de deux sortes de cristaux blancs en aiguille et d'autre part d'une autre huile jaune après nouvelle élution avec une solution d'éther de pétrole et 10 % d'acétate éthylique. Les deux types de cristaux ainsi formés furent nommés respectivement arteannuine A et artémisinine. De plus, un cristal blanc carré et une substance huileuse noire furent obtenus par élution avec une solution d'éther de pétrole et 15 % d'acétate éthylique, ce cristal blanc recevant le nom d'arteannuine B.

Des études ultérieures montrèrent que cette arteannuine B pouvait aussi être utilisée dans certains conditions : en effet, quand on mélangeait de l'artémisinine avec la même quantité d'arteannuine B, le mélange résultant pouvait efficacement éliminer le plasmodium même quand la dose était réduite de moitié, ce qui s'avéra précieux.

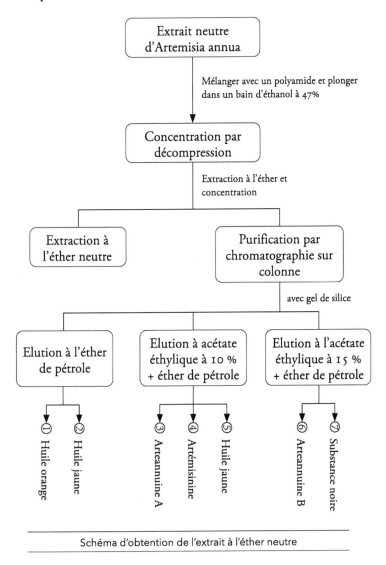

Schéma d'obtention de l'extrait à l'éther neutre

Naissance finale de l'artémisinine

Tu Youyou et son équipe ont ensuite testé les extraits obtenus après élution sur la malaria des rats ; les résultats montrèrent que ni l'arteannuine A ni l'arteannuine B n'éliminaient le plasmodium chez les animaux observés, seule l'artémisinine y parvenait. En 1972, donc, Tu Youyou et son équipe réussirent pour la première fois à extraire de l'artemisia annua un monomère antipaludique efficace, extrait qui fut baptisé artémisinine. En travaillant d'arrache-pied nuit et jour, ils parvinrent ensuite à isoler plus de cent grammes d'artémisinine qu'ils soumirent ensuite à des tests cliniques et utilisèrent pour en identifier la structure chimique.

Ils effectuèrent en outre des tests de toxicité sur des souris de laboratoire, ainsi que des examens histopathologiques des principaux organes (cœur, foie, rate, poumons, reins et cerveau) de souris, chats et autres animaux ; trois chercheurs de l'équipe participèrent enfin aux expériences en testant l'artémisinine sur eux-mêmes.

Les tests de toxicité sur les animaux et les tests pharmacologiques sur les humains de l'artémisinine ne décelèrent aucun effet secondaire apparent sur aucun des organes étudiés, si ce n'est un effet minime et transitoire chez quelques animaux et patients, montrant clairement que les cristaux blancs en aiguille n'avaient que très peu d'effets toxiques et secondaires.

Arrivée à ce stade de ses recherches, Tu Youyou se pencha alors aussi sur le problème de la production de masse de l'artémisinine. L'artemisia annua poussant dans la région de Pékin contenant beaucoup d'impuretés, l'artémisinine ne pouvait en être séparée qu'au bout d'un processus complexe nécessitant de grandes quantités d'éther, ce qui la rendait impropre à une production de masse. Aussi l'équipe s'orienta-t-elle vers deux autres méthodes de séparation, l'une avec de l'alcool dilué, l'autre avec un solvant pétrolier, ce qui permit de résoudre en grande partie le problème de la quantité de solvant requis.

La séparation des cristaux en aiguille marquait une étape à partir de laquelle l'extraction de l'artémisinine, et en fin de compte la préparation de produits pharmaceutiques à partir des cristaux, ne seraient plus seulement un problème de recherche scientifique. Pour les bureaux de recherche dans la Chine entière, ce n'était plus un rêve irréalisable de produire des médicaments à base d'artémisinine : la phase pratique du travail était en vue.

Des tests cliniques captivants

En août 1973, l'Académie des sciences médicales chinoises a chargé un laboratoire pharmaceutique étranger de produire un premier lot de comprimés d'artémisinine. Une équipe médicale constituée de Li Chuanjie, Liu Jufu et quelques autres chercheurs fut alors envoyée de nouveau dans la zone impaludée de Changjiang, à Hainan, pour y effectuer des tests cliniques. Contrairement à toute attente, les comprimés n'eurent d'effet que sur trois des cinq malades testés, et avec une efficacité bien inférieure aux résultats obtenus lors des tests précédents.

L'équipe ne se laissa pas décourager pour autant, mais entreprit d'analyser les comprimés pour voir d'où provenait le problème. Il ne leur fallut pas longtemps pour trouver la cause des anomalies : ce n'était pas l'artémisinine qui était en cause, c'étaient les comprimés. Leur mode de fabrication affectait le processus de désintégration du médicament. Par "temps de désintégration", on entend le temps mis par un comprimé pour passer à travers un certain enrobage et se dissoudre totalement dans un milieu spécifique, eau, sucs gastriques ou intestinaux. Le temps de désintégration des comprimés d'artémisinine était trop long, si bien que l'artémisinine ne pouvait être absorbée de manière optimale par le corps humain.

Le problème était que, en raison de la Révolution culturelle, le laboratoire de l'Institut de pharmacologie de l'Académie des sciences médicales chinoises où auraient pu être produits les comprimés d'artémisinine était fermé. L'équipe décida donc d'abandonner la production de comprimés, et de se rabattre sur celle de gélules, celles-ci ayant un double avantage : d'une part, demander un processus de fabrication relativement plus simple que celui de comprimés, et d'autre part permettre aux substances actives d'être plus facilement absorbées par l'organisme après ingestion.

Puis, en raison de l'urgence, avant même qu'elles aient subi des tests de désintégration, Zhang Guozheng, directeur adjoint de l'Institut de pharmacologie, emporta les gélules produites dans la zone impaludée de Changjiang, à Hainan, pour les y soumettre à des tests cliniques. Trois patients furent traités avec des doses de 3-3,5 g, et tous trois furent guéris. En outre, le plasmodium fut éliminé, en moyenne, en 18 heures 30, le temps de régression de la fièvre étant de 30 heures. L'efficacité des gélules était évidente ; au vu des résultats des tests, les chercheurs furent soulagés.

Ce succès marquait la fin de l'étape des tests cliniques des médicaments à base d'artémisinine. Des centaines d'autres tests cliniques furent encore effectués au même moment dans toute la Chine. En 1978, le nombre de ces tests atteignait 529, et tous affichaient d'excellents résultats.

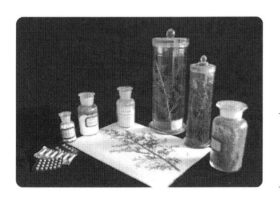

De droite à gauche : spécimens d'artemisia annua, artémisinine et médicaments à base d'artémisinine

Un vaste théâtre d'opération

En octobre 1973, les chercheurs de l'Institut de pharmacologie revinrent à Pékin et firent leur rapport au Bureau « 523 ». Le 2 novembre, le Bureau écrivit à l'Académie des sciences médicales chinoises pour demander une « Réunion sur la recherche en matière de médicaments antipaludiques (y compris les médicaments de synthèse) », afin de discuter de la question du « développement de médicaments nouveaux combinant médecine traditionnelle chinoise et médecine occidentale ». Ses instructions étaient claires : « L'artémisinine est un médicament de première importance, veuillez préparer les documents nécessaires en vue d'une discussion ». A cette réunion, Tu Youyou présenta un nouveau rapport couvrant tout le pays.

En février 1974, l'Académie des sciences médicales chinoises organisa un « Colloque sur les thématiques de recherche sur l'artémisinine » où furent révélés pour la première fois les résultats des travaux des différents laboratoires de recherche, avec une présentation détaillée par chacun des participants. A la suite de ce colloque, les organismes de recherche des provinces du Sichuan, du Guangxi et du Guangdong prirent également part aux recherches. Les statistiques montrent que plus de quarante unités participèrent à près de 6 555 tests cliniques au total.

Sur le vaste théâtre d'opération de la lutte contre la malaria en Chine, l'artémisinine devint dès lors une brillante star.

16

SINGULARITÉ DE L'ARTÉMISININE

L'artémisinine est un composé organique classique qui se présente sous forme de cristaux blanc en aiguille, avec une température de fusion vers 156-157 °C. Les expériences de réaction chimique et autres ont montré qu'elle ne contient pas de nitrogène ; sa formule brute est $C_{15}H_{22}O_5$, et sa masse molaire 282.

Dans le laboratoire de Tu Youyou, on peut voir un modèle en 3D de la structure de l'artémisinine qui y est placé bien en évidence : c'est le fruit des recherches qu'elle a menées toute sa vie, et l'objet d'une fierté légitime.

En réalité, cependant, la détermination de cette structure a pris du temps. C'est après avoir réussi à isoler l'artémisinine à basse température que Tu Youyou et son équipe ont voulu savoir quelle était sa structure et comment elle pouvait guérir la malaria.

Kekulé et la formule en anneau du benzène

Tu Youyou pensa alors au chimiste allemand Kekulé et à sa découverte, dans la seconde moitié du 19ème siècle, de la structure en anneau du benzène. Avant sa découverte, les savants se demandaient comment le benzène pouvait maintenir des propriétés chimiques stables alors que ses atomes de carbone étaient insaturés. Kekulé résolut le problème en dessinant sur une feuille de papier une structure hexagonale avec un anneau de carbones telle que nous la connaissons aujourd'hui.

L'histoire de cette découverte est d'ailleurs très intéressante. Kekulé ne l'a pas faite après s'être plongé dans l'étude de livres anciens ou de cours, mais tout simplement à la suite... d'un rêve. C'était en 1864 ou 1865 : alors qu'il lisait, assis près d'un poêle, un compte rendu de recherche assez compliqué, et qu'au dehors tombaient de ténus flocons de neige, il s'était en effet profondément endormi dans son fauteuil à bascule.

Quelques secondes plus tard, un peu étourdi, il s'était retrouvé dans l'obscurité, sans poêle ni tapis ni fauteuil ni fenêtre, ... et même la maison entière avait disparu. Dans l'immensité du néant, il eut la surprise de voir un serpent qui volait lentement dans l'espace, comme l'incarnation d'une constellation. Effrayé, Kekulé était incapable de bouger et, immobile, avait les yeux rivés sur ceux du serpent. C'est alors que, soudain, l'animal ouvrit grand les yeux, sortit sa langue et se mordit la queue, formant ainsi en l'air un anneau irrégulier.

Kekulé se réveilla en sursaut et jeta un regard autour de lui ; tout semblait normal, mais, dans la douce lueur du feu, il lui sembla voir les lettres de la formule du benzène danser et se tordre dans tous les sens. Soudain, il s'exclama joyeusement « mais c'est bien cela », et se mit à griffonner rapidement sur une feuille de papier ce qui était la première représentation dans le monde de l'« anneau du benzène ».

Première substance médicamenteuse sans nitrogène

Influencée par cette histoire, Tu Youyou était intimement persuadée que les sources d'inspiration, en recherche, n'ont aucune importance ; pour elle, l'essentiel était surtout, comme dans le cas de Kekulé, de garder l'esprit ouvert à toutes sortes de possibilités, dans le domaine de l'imaginaire comme dans celui de la réalité, de manière à saisir l'inspiration du moment, serait-ce un simple rêve. C'est dans cette optique qu'elle concentra toute son attention sur les rapports de tests, et les données lui parurent beaucoup plus claires.

C'est le 8 novembre 1972 que l'équipe commença officiellement ses recherches sur la structure chimique de l'artémisinine. Après avoir réalisé une analyse conventionnelle des éléments chimiques, Tu Youyou et ses collègues découvrirent à leur grande surprise que, contrairement aux médicaments antipaludiques à base de quinoline, l'artémisinine ne comportait pas d'atomes de nitrogène, mais seulement des atomes de carbone, d'hydrogène et d'oxygène. Or, tout le monde pensait, à l'époque, que le facteur clé dans le traitement de la malaria, c'était le nitrogène. Cette découverte les enthousiasma car ils pensaient pouvoir bientôt révéler un nouveau composé chimique, qui serait une découverte majeure digne de figurer dans les annales de l'histoire.

Les recherches approfondies permirent ensuite de mieux cerner ses propriétés : l'artémisinine est un composé organique classique qui se présente sous forme de cristaux blancs en aiguille, avec une température de fusion vers 156–157 °C. Les expériences de réaction chimique et autres montrèrent qu'elle ne contient pas de nitrogène ; sa formule brute est $C_{15}H_{22}O_5$, et sa masse molaire 282. Sous la direction du professeur Lin Qishou, maître de Tu Youyou, son « identité » fut précisée : l'artémisinine appartient à la catégorie des lactones sesquiterpéniques, et constitue donc un nouveau médicament antipaludique de structure chimique très particulière.

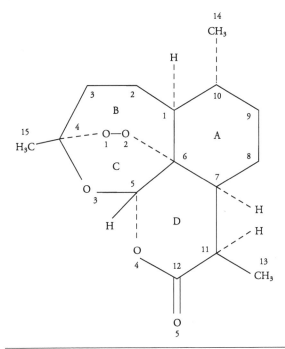

Structure de l'artémisinine ou qinhao su, de la catégorie des lactones sesquiterpéniques

La classe des terpènes

Lactone sesquiterpénique, l'artémisinine est de la classe des terpènes : quelles sont donc leurs propriétés ?

Les terpènes constituent une classe très vaste et diversifiée qui
comporte un grand nombre de composés organiques naturels aux
propriétés thérapeutiques. On en trouve des composants actifs dans
une multitude de plantes médicinales de la pharmacopée chinoise
que l'on trouve un peu partout dans le monde à l'état naturel. Les
terpènes ont une structure chimique simple, constituée à la base
d'un « squelette » de cinq atomes de carbone, et sont formés de
polymères ou dérivés de l'isoprène C_5H8. C'est en fonction du
nombre de leurs unités isopréniques qu'ils sont en général classés
: monoterpènes, diterpènes ou sesquiterpènes par exemple. Quant
aux lactones, il s'agit d'esters cycliques, soit de composés cycliques
formés par estérification interne d'hydroxyacides, avec élimination
d'eau. Les lactones sesquiterpéniques contenues dans l'artemisia
annua – dont l'artémisinine – ont des fonctions de renforcement
du muscle cardiaque et de prévention des tumeurs, mais sont aussi
actives comme vermifuges et analgésiques.

Structure tridimensionnelle

« La structure plane ne suffit pas, il nous faut aussi déterminer la
structure tridimensionnelle de l'artémisinine. »

En 1973, l'Institut de recherche en pharmacologie chinoise
a commencé à préparer un projet de recherche pour parvenir au
plus vite à déterminer cette structure. En 1974, munie des dossiers
concernant le sujet, Tu Youyou alla à l'Institut de chimie organique

de Shanghai rendre visite au professeur Liu Zhujin qui était un expert en sesquiterpènes. L'Institut de recherche en pharmacologie chinoise scinda les responsabilités du travail de recherche : Ni Muyun fut chargé de travailler en s'appuyant sur les ressources de l'Institut de chimie organique de Shanghai, et Tu Youyou de collaborer avec l'Institut de Biophysique de l'Académie des Sciences de Pékin en cultivant les cristaux nécessaires et en fournissant les données afférentes.

A la de l'année 1974, en collaboration avec l'Institut de Biophysique de l'Académie des Sciences, l'Académie des sciences médicales chinoises effectua une identification de la structure de l'artémisinine par cristallographie aux rayons X – technique fondée sur la diffraction des rayons X par la matière, en particulier quand celle-ci est cristalline, la trajectoire des rayons X étant réfléchie par les atomes de carbone, d'hydrogène et d'oxygène des cristaux, provoquant un phénomène de diffraction révélant la nature des atomes. La trajectoire de réflexion permet ainsi de déterminer précisément la structure atomique du cristal.

Le 30 novembre 1975, le premier travail de diffraction des rayons X était terminé, et la structure de l'artémisinine établie. Mais, pour en vérifier la précision, les chercheurs complétèrent leur travail par une analyse des données de diffraction avec le professeur Liang Xiaotian, après quoi la structure de l'artémisinine fut identifiée.

Le 26 janvier 1976, Tu Youyou et Li Pengfei, de l'Institut de Biophysique, partirent Shanghai, pour faire un rapport à l'Institut de chimie organique sur l'identification de la structure de l'artémisinine. Le lendemain, Li Pengfei fit un compte rendu de leur travail d'identification par cristallographie aux rayons X lors d'une réunion à laquelle participèrent un certain nombre d'experts, dont Zhou Weishan, Wu Yulin et Wu Zhaohua ; sa présentation fut suivie d'une analyse détaillée et d'une discussion approfondie qui permirent de dégager un consensus. L'Académie des sciences médicales chinoises fit ensuite un rapport sur les conclusions de la réunion au Comité du Parti du ministère de la Santé de la République populaire, confirmant ainsi la structure tridimensionnelle de l'artémisinine. En 1976, l'Académie des sciences médicales chinoises soumit ensuite le document n° 17 intitulé « Problèmes concernant la publication d'informations sur la structure de l'artémisinine » aux dirigeants du ministère de la Santé pour demander l'autorisation de publier les résultats des recherches concernées.

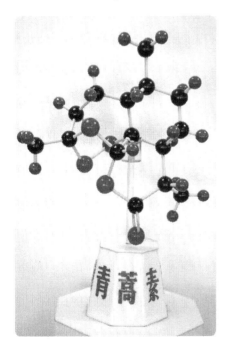

Structure en trois dimensions de l'artémisinine

Finalement, avec l'approbation du ministère de la Santé, un article intitulé « Un nouveau type de sesquiterpène – l'artémisinine » fut publié dans le Bulletin des sciences chinoises en mars 1977. Il attira aussitôt l'attention de la communauté scientifique, en Chine et à l'étranger, et l'artémisinine fut répertoriée dans l'index américain Chemical Abstracts.

En raison de la nécessaire confidentialité des données et des spécificités de l'époque, en Chine, l'article fut attribué collectivement à « l'équipe de recherche sur la structure de l'artémisinine ». L'artémisinine faisait ainsi son entrée dans le monde et dans l'histoire, mais les innombrables chercheurs qui avaient participé aux recherches et ceux qui avaient été déterminants dans sa découverte restaient anonymes ; pendant des années et des années encore, on ne saura rien d'eux.

17
RECTIFICATION DE NOMS

Après la découverte de l'artémisinine, en raison de l'existence de variétés différentes d'artemisia annua, avec des teneurs en artémisinine très variées, Tu Youyou et son équipe entreprirent d'analyser toutes ces variétés pour bien les distinguer, parvenant à une classification en six familles principales.

Afin de mieux développer l'artémisinine, Tu Youyou étudia la plante médicinale dont elle est extraite, l'artemisia annua, ou armoise annuelle. Elle passa en revue les différentes sortes de substances thérapeutiques à base d'artemisia annua trouvées sur les marchés de différentes régions et collectées en dix lots. Ce travail inclut une recherche pharmacologique sur les propriétés antipyrétiques, anti-inflammatoires, analgésiques et antibactériennes de la plante, ainsi qu'une étude de sa culture. Le laboratoire de Tu Youyou tenta aussi une amélioration de l'espèce par croisements de variétés de régions différentes.

L'artemisia annua

Qu'est-ce que l'artemisia annua ?

Dans les années 1934-1937, déjà, le professeur de Tu Youyou à l'université, Zhao Yuhuang, s'était interrogé sur les variétés d'artemisia annua produites dans la région de Pékin, après avoir lu un rapport d'un savant japonais qui affirmait : « L'artemisia annua répertoriée dans le *Bencao gangmu*19 est du genre seseli. » Après de longues recherches, Zhao Yuhuang établit que la plante médicinale utilisée à Pékin était en fait de l'espèce artemisia hediniii, différente de l'espèce décrite dans le *Bencao gangmu*. Zhao Yuhuang s'attacha aussi à corriger l'erreur de classification de l'artemisia apiacea hance comme artemisia annua dans le Manuel de pharmacopée chinoise (éd. 1963, 1977). Aujourd'hui, divers experts, dont Chen Chongming, ont établi que l'artemisia apiacea hance est en fait du genre seseli et ne doit pas être classée avec l'artemisia annua, confirmant ainsi les travaux de Zhao Yuhuang qui avaient été les premiers à « dissiper les nuages ».

L'artemisia annua, une fratrie de six.

Après la découverte de l'artémisinine, en raison de l'existence de variétés différentes d'artemisia annua avec des teneurs en artémisinine très variées, Tu Youyou et son équipe entreprirent d'analyser toutes ces variétés pour bien les distinguer, parvenant à une classification en six familles principales.

1. *Artemisia annua (Qinghao)*

Plante très populaire dans le peuple, elle est connue sous des appellations diverses, comme autant de petits noms familiers, tels que *Chouhao, Qinghao, Chouqinghao, Xiangqinghao, Xiyehao,* ou *Caohaozi*. Plante thérophyte, elle pousse dans les champs, sur les pentes des collines, au bord des routes et des rivières. On peut en trouver, partout en Chine, poussant dans les cours des maisons qui en sont embaumées.

2. *Seseli (Xiehao)*

Cette variété d'armoise est appelée Xiehao, littéralement 'armoise nuisible', mais elle n'a pourtant rien de tel. Elle a une belle apparence, avec des feuilles bien lisses. Elle pousse de préférence dans les terrains sablonneux, en bordure des rivières, voire au bord de la mer, et on la trouve un peu partout du nord-est au sud, ou sud-ouest, de la Chine.

3. *Artemisia scoparia (Zhumaohao)*

Littéralement 'armoise des porcs et des chats", cette armoise est une plante, thérophyte ou vivace, d'une vitalité étonnante. Ses racines, coniques ou fusiformes, s'enfoncent fermement dans le sol ; elle privilégie les environnements peu amènes, tels les fossés et les versants de montagne, les sols caillouteux et salins/alcalins.

4. *Artemisia scoparia capillaris (Yinchenhao)*

Plante vivace, c'est le « petit mille-pattes » de la famille des armoises annuelles. Elle a une racine conique unique et pousse parfois de travers. Elle a une préférence pour les plages et les côtes en général, de même que pour les sols sablonneux des rives des cours d'eau des provinces littorales de l'est et du sud-est de la Chine, mais on la trouve aussi sur les pentes montagneuses proches du littoral.

5. *Artemisia japonica (Muhao)*

L'artemisia japonica, dans la famille des armoises annuelles, c'est l'équivalent d'Optimus Prime dans la saga des Transformers. C'est une plante vivace qui peut atteindre 50 à 150 centimètres de hauteur, et dont l'extrémité des branches s'épanouit en fleurs à multiples pétales.

6. *Artemisia eriopoda (Nanmuhao)*

Eriopoda est le « petit haricot magique » de la famille des armoises annuelles. La plante ne dépasse pas 30 à 70 centimètres, mais elle pousse bien droit, et généralement en buissons, bien qu'on la trouve parfois isolée. A la base de chaque tige, sur la partie supérieure de la racine, se trouve une sorte d'épais duvet.

L'artemisia annua utilisée pour en extraire l'artémisinine, Tu Youyou l'avait trouvée par hasard au bord d'une rue, dans les faubourgs de Pékin. Il fut confirmé, après un long et prudent travail d'identification, que c'était bien l'authentique artemisia annua. Tu Youyou a déclaré un jour : « C'est peut-être la clé du succès. » Effectivement, cette pousse d'armoise annuelle donna en éprouvette un liquide dont elle parvint, au bout d'une processus complexe, à extraire l'artémisinine.

18

A CHACUN SON POUVOIR SPÉCIAL

La singularité de la structure chimique de l'artémisinine et ses éton-nantes vertus thérapeutiques ont incité les chercheurs, en Chine comme à l'étranger, à en savoir plus sur ses composants chimiques. A ce jour, on en a découvert et isolé plus de 170, qui ont permis de développer différentes sortes de médicaments antipaludiques ayant chacun des propriétés particulières dans le domaine de la lutte contre la malaria.

L'artémisinine

En pharmacologie, l'identification de la structure de l'artémisinine n'a pas seulement donné à l'humanité la connaissance d'un tout nouveau composant chimique, elle lui a aussi permis de découvrir un médicament d'une grande efficacité dans le traitement de la malaria.

En 1979, l'artémisinine a obtenu en Chine le Prix national des inventions.

En 1986, après avoir satisfait aux conditions d'approbation des médicaments, elle s'est vu décerner, en Chine toujours, le premier « Certificat de nouveau médicament » de classe A [n° X-01 1986]. Seul médicament innovant d'origine chinoise reconnu par la communauté internationale, l'artémisinine devint « un modèle pour le développement de nouveaux médicaments de la médecine traditionnelle chinoise ».

Certificat de nouveau médicament délivré à l'artémisinine

Colloque sur l'artémisinine et ses dérivés, organisé par le laboratoire SWG Chemal à Pékin en octobre 1981.

En 1981 s'est tenu à Pékin un colloque sur « L'artémisinine et ses dérivés » initié conjointement par le Programme des Nations unies pour le développement (United Nations Development Program UNDP) et le laboratoire SWG-Chemal de l'Organisation mondiale de la santé (World Health Organization WHO). Cette réunion d'experts fut l'occasion de manifester la haute valeur attribuée à l'artémisinine.

La dihydroartémisinine

La singularité de la structure chimique de l'artémisinine et ses étonnantes vertus thérapeutiques ont incité les chercheurs, en Chine comme à l'étranger, à en savoir plus sur ses composants chimiques. A ce jour, on en a découvert et isolé plus de 170, qui ont permis de développer différentes sortes de médicaments antipaludiques ayant chacun des propriétés particulières dans le domaine de la lutte contre la malaria. L'un de ces dérivés est la dihydroartémisinine.

En 1973, dans le cours de leurs recherches sur l'artémisinine et ses dérivés à l'Institut de pharmacologie chinoise, Tu Youyou et son équipe découvrirent pour la première fois ce dérivatif de formule $C_{15}H_{24}O_5$ et de masse molaire 284.

Par la suite, en poursuivant leur travail, ils réussirent à synthétiser trois éthers et dix esters à partir de la dihydroartémisinine. C'est au cours de cette recherche qu'ils parvinrent à prouver que les peroxydes sont les principaux composés actifs antipaludiques dans la structure de l'artémisinine : tant que sont préservés les groupes peroxydes actifs, les dérivés spéciaux peuvent renforcer de façon substantielle l'efficacité de l'artémisinine.

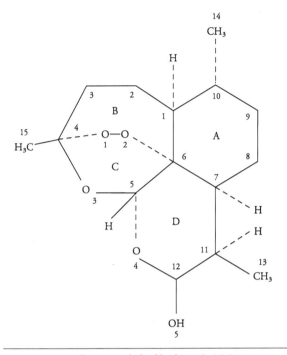

Structure de la dihydroartémisinine

En 1975, lors du colloque sur la coopération en matière de recherche antipaludique, la dihydroartémisinine fut un sujet chaud. Au vu des relations entre structure chimique et efficacité thérapeutique dégagées par Tu Youyou, la dihydroartémisinine apparut comme un nouveau médicament antipaludique en puissance. Et effectivement, après sept années de recherche, d'amélioration et de développement, elle devint un autre nouveau médicament de classe A, avec un brevet et des droits distincts, ce qui valut à Tu Youyou d'être parmi les lauréats du « Prix national 1992 des dix plus grands succès scientifiques de Chine ». En même temps, elle reçut la distinction de « chercheur à vie » de l'Institut de recherche des sciences médicales chinoises.

Cependant, parallèlement aux recherches sur la dihydroartémisinine menées par Tu Youyou et son équipe, d'autres organismes en menèrent sur des médicaments à base d'artémisinine, et développèrent avec succès de nombreux médicaments.

Certificat de nouveau médicament délivré à la dihydroartémisinine

Certificat de conformité du nouveau médicament

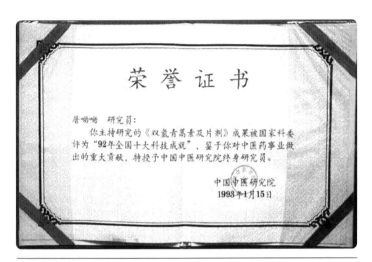

Prix national 1992 des dix plus grands succès scientifiques de Chine décerné à Tu Youyou.

Prix national 1992 des dix plus grands succès scientifiques de Chine décerné au projet de fabrication de comprimés de dihydroartémisinine.

Bienvenue à l'artéméther

A la fin de 1975, Tu Youyou et son équipe découvrirent la structure de l'artémisinine, structure unique de cinq atomes d'oxygène dont deux liés par un pont peroxyde qui est l'élément clé de son action anti-malarienne. Cependant, l'artémisinine souffre d'une faible solubilité mise en évidence lors des tests cliniques.

En 1976, l'Institut de recherche pharmacologique de Shanghai se lança donc dans l'étude d'un nouveau composé d'artémisinine pour en accroître la solubilité et l'efficacité thérapeutique en agissant sur la structure. En 1977, les chercheurs sélectionnèrent, parmi des dizaines d'autres composés, l'éther méthylique SM 224 qu'ils baptisèrent « Artéméther ».

Structure de l'arthémether

Possédant des propriétés très stables, l'arthéméther peut être administré par piqûres de solution huileuse. Les tests cliniques ont commencé en 1977. Les premiers ont été effectués sur dix-sept patients à Hainan, et ont donné d'excellents résultats. Au cours des trois années suivantes, l'arthéméther a guéri 1 088 malades infectés par le parasite falciparum de la malaria, à Hainan même, mais aussi dans les provinces du Yunnan, du Guangxi, du Henan, du Hubei et autres, avec des taux de guérison de 100 %.

Lors des applications cliniques, l'arthéméther a été très bien accueilli par les malades comme par le personnel médical car il a des effets thérapeutiques stables dans le traitement du falciparum devenu résistant à la chloroquine ; il entraîne en outre rarement des effets secondaires tels que douleurs ou œdèmes.

Un artésunate hautement efficace

En 1977, dans le Guangxi, province riche en artemisia annua, le laboratoire pharmaceutique de Guilin commença lui aussi des recherches sur des dérivés de l'artémisinine, en s'associant à la Faculté de médecine et à l'Institut des maladies parasitiques du Guangxi. Suivant les directives de l'Institut de recherche pharmacologique de Shanghai, ils réussirent à eux trois à synthétiser plus de dix dérivés de l'artémisinine, parmi lesquels le n° 804 se révéla être le plus efficace.

Une équipe de recherche collaborative sur les dérivés de l'artémisinine fut créée au niveau provincial pour effectuer les analyses de base et déterminer la structure chimique de ce dérivé 804 par spectroscopie à infrarouge, spectrographie de masse et résonnance magnétique. Une recherche par diffraction des rayons X fut aussi menée avec l'aide de l'Institut de biophysique de l'Académie des sciences chinoise. Une fois établie la structure chimique de ce dérivé, les tests cliniques débutèrent en octobre 1978. Vingt-quatre malades furent traités (dont neuf atteints de falciparum, et quinze de fièvres tierces), en n'utilisant que des injections de 300 mg de poudre de sodium 804. En raison de sa haute efficacité, de sa rapidité d'action et de sa faible toxicité, ce médicament se répandit dans toute la Chine.

En 1979, ce dérivé 804 fut officiellement baptisé « artésunate », et répertorié en Chine dans le Bulletin de pharmacologie (X-01). Il est aujourd'hui un médicament important dans le monde entier pour le traitement de la malaria cérébrale.

Structure atomique de l'artésunate

Association avec d'autres antipaludiques

Dans les années 1980, les recherches sur l'artémisinine menées en Chine ont pris une place prépondérante dans la recherche sur les médicaments antipaludiques dans le monde entier. Depuis 1951, de nombreux instituts de recherche, de Hainan à Shanghai, ont travaillé au développement de médicaments antipaludiques. Parmi ceux qui ont apporté les plus importantes contributions figure l'Institut de microbiologie et d'épidémiologie de l'Académie des sciences médicales militaires.

En 1990, cet institut a été le premier à développer avec succès la plurithérapie associant arthéméter et benflumétol[20]. Le benflumétol agit lentement, mais a un effet synergique de celui de l'ar-théméter et autres médicaments à action rapide. Après de longues recherches et des tests complexes, l'arthéméter-benflumétol a été approuvé comme nouveau médicament de classe C, obtenant en avril 1992 le Certificat de nouveau médicament ainsi que l'auto-risation de production. C'est le premier médicament composé à base d'artémisinine à avoir été développé en Chine.

En juin 2009, l'équipe responsable du développement de l'arthéméter-benflumétol s'est vu décerner le « Prix de l'inventeur européen », la plus haute distinction venant récompenser des inventeurs en Europe[21].

19

LE VOYAGE EN AFRIQUE

Alors qu'elle était mourante, une femme eut la chance de pouvoir prendre du Cotecxin, et cela lui sauva la vie. Bien plus miraculeux encore, le médicament sauva aussi la vie du fœtus qu'elle portait. Elle garde en mémoire le moment merveilleux où elle put appeler son bébé : « Cotecxin » ! « Si je l'ai appelé ainsi, » a-t-elle déclaré dans une interview, « ce n'est pas seulement pour manifester ma gratitude, mais aussi parce que j'espère qu'il héritera de la force du Cotecxin, et pourra ainsi œuvrer au développement du Kénya en protégeant à jamais le pays contre les attaques de la malaria. »

Les recherches sur l'artémisinine et des médicaments à base d'artémisinine ont attiré l'attention du monde entier, mais le développement à l'international n'a pas été sans écueils.

Culture de l'artemisia annua

Avant la découverte de l'artémisinine, l'artemisia annua était rarement utilisée en médecine, et, quand elle l'était, c'était essentiellement la plante poussée à l'état sauvage. Cependant, la découverte de l'artémisinine entraîna une croissance rapide de la demande de la plante, qui devint très recherchée. Dans les années 1970, des recherches de terrain furent menées dans tout le pays pour identifier les ressources en artemisia annua ; ce sont alors les espèces sauvages poussant dans la région de Youyang, dans la province du Sichuan, qui furent sélectionnées afin d'en extraire l'artémisinine utilisée pour la recherche et les tests cliniques, et ce parce que la plante y pousse en abondance, et qu'elle est en outre de haute qualité, avec une forte teneur en artémisinine.

Le Comité de pilotage de l'artémisinine, fondé en 1978, reconnut la valeur de l'artemisia annua de Youyang, et commença à protéger et développer cette ressource locale. En même temps, l'essor de la demande d'artémisinine poussa au développement de la culture d'artemisia annua dans la région ; pour les paysans locaux, la plante devint peu à peu une « poule aux œufs d'or ». La culture gagnant de proche en proche comme un feu de prairie, elle créa une offre suffisante pour pouvoir alimenter une industrie. En même temps, la Chine s'ouvrait à l'économie de marché, ce qui ouvrit la voie à une entrée, d'abord timide, de l'artémisinine sur le marché international.

Création de laboratoires de production

Les sources d'approvisionnement en artemisia annua étaient

ainsi assurées, mais le caractère obsolète de la technologie et des équipements existants rendait difficile l'utilisation optimale de cette matière première. Aussi les autorités locales, dans toute la Chine, se mirent-elles à créer des laboratoires de production qui se lancèrent peu à peu dans la transformation des réserves d'artémisia annua en médicaments antipaludiques.

En 1986, après avoir obtenu le Certificat de nouveau médicament pour l'artémisinine, l'Institut de pharmacologie chinoise ouvrit une nouvelle unité de production à Jishou, dans la province du Hunan, pour produire de l'artémisinine en grandes quantités en mettant à profit les qualités propres de l'artemisia annua locale. Peu de temps plus tard fut lancé le Laboratoire de production des monts Wuling, à Youyang, dans la région où pousse une artemisia annua d'excellente qualité. Etant donné la pauvreté du district de Youyang, le Comité de pilotage de l'artémisinine alloua des fonds spéciaux pour financer le projet, en demandant la participation de l'Institut de médecine traditionnelle chinoise du Shandong pour résoudre les problèmes techniques et matériels concernant l'équipement de production. Le Laboratoire des monts Wuling est entré en opération en septembre 1987, produisant son premier lot de médicaments certifiés à base d'artémisinine. Il représentait l'achèvement du premier projet chinois d'unité de production d'une capacité d'une tonne d'artémisinine.

Depuis lors, divers types de nouveaux antipaludiques à base d'artémisinine ont été développés, comme les injections d'artéméther et d'artésunate, les comprimés de dihydroartemisinine, et les traitements associés artemether- benflumetol. Entre 1985, date de l'entrée en vigueur en Chine des règlements concernant l'évaluation des nouveaux médicaments, et 1995, le gouvernement chinois a approuvé quatorze nouveaux médicaments de classe A, dont sept étaient des nouveaux antipaludiques à base d'artémisinine.

L'histoire du DDT

A l'époque, l'Organisation mondiale de la santé (OMS, ou World Health Organization WHO) ne s'intéressait pas seulement aux effets thérapeutiques de l'artémisinine et à ses effets secondaires ; elle tenait compte aussi des conséquences du médicament sur le corps et l'équilibre écologique. Ainsi, lors de l'étude préalable à toute approbation d'un nouveau médicament, les chercheurs de l'OMS avaient une préoccupation en tête : le DDT.

Le DDT est un insecticide qui a joué un rôle primordial dans la première moitié du 20è siècle, dans la lutte contre les ravageurs agricoles et contre les maladies transmises par les moustiques et les mouches, comme la malaria et la typhoïde. Les propriétés insecticides du DDT furent découvertes par le savant suisse Hermann Müller, découverte qui lui valut le prix Nobel de médecine et physiologie en 1948.

Ecrit par Rachel Carson et publié en 1962, le roman "Silent Spring" (Printemps silencieux) se passe dans une très belle ville de fiction qui, un jour, se retrouve sous une étrange chappe de silence, tandis que toute la beauté du lieu disparaît peu à peu. Ce « silence » était dû au DDT, alors largement utilisé dans toutes les fermes des Etats-Unis. Fondé sur les recherches sur l'utilisation du DDT en agriculture réalisées par Carson, le livre fut considéré comme une attaque contre le DDT et déclencha une forte opposition de la part des fermiers qui l'utilisaient, des producteurs et autres parties intéressées dans l'affaire, tous cherchant à minimiser la véracité des faits rapportés dans le livre. Rachel Carson et ses défenseurs étaient déprimés de voir que la population n'avait pas conscience des effets nuisibles des insecticides. La situation ne commença à changer que lorsque le président John F. Kennedy eut lu le livre et ordonné une enquête sur tous les insecticides qu'il mentionne. Les Américains réalisèrent alors que le DDT s'accumule peu à peu dans le corps des animaux, et entre ainsi dans la chaîne alimentaire en causant des troubles du système reproductif et à terme l'extinction des oiseaux. L'oiseau national des Etats-Unis, le pyrargue à tête blanche dit "bale eagle", frôla lui-même l'extinction à cause du DDT[22].

Un nouveau médicament sans prétention

Etant donné le précédent du DDT, l'OMS était très prudente dans l'étude et l'approbation de nouveaux médicaments. En mars 1982, lorsque le laboratoire SWG-CHEMAL qui en dépendait choisit l'artesunate comme principal projet de développement, il envoya des spécialistes en Chine pour vérifier les conditions de production des laboratoires et unités de production. Malgré leur préparation, ni les laboratoires pharmaceutiques de Kunming et de Guilin 1 et 2, ni même le laboratoire Sine Pharma de Shanghai qui était le meilleur, ne réussirent les tests pour obtenir le label de « bons standards de production » (ou Good Manufacturing Practice GMP)

En 1990, le développement du Coartem changea la donne. C'est l'année qui marque l'entrée sur le marché chinois du groupe Novartis, l'un des trois premiers groupes pharmaceutiques dans le monde ; les sociétés pharmaceutiques chinoises lui présentèrent les antipaludiques à base d'artémisinine développés en Chine, y compris les plus prestigieux. Cependant, en raison – pour beaucoup d'entre eux – de l'expiration de la période de protection assurée par les brevets, Novartis eut peur d'être confronté à des litiges sur les brevets dans certains pays étrangers, et rejeta donc finalement tous les médicaments proposés, sauf un, le Coartem, malgré sa relativement brève existence, comparé aux autres. Il n'avait pas encore le Certificat de nouveau médicament quand il fut sélectionné par Novartis.

Le 12 septembre 1994, Novartis signa un Accord de coopération de 20 ans avec la Chine, puis, le 20 septembre 2004, un accord de concession de licence de brevet. Auparavant, en 1999, le Coartem avait obtenu un brevet d'invention dans 49 pays et régions dans le monde, et été enregistré dans 84 pays, ainsi que dans la Liste des médicaments essentiels de l'OMS. Le Coartem a été le premier médicament à base d'artémisinine utilisé en polythérapie à passer les tests de qualité de l'OMS et de l'Unicef. Les pays impaludés utilisent en priorité le Coartem avec un taux de guérison de 97 %, C'est le médicament reconnu internationalement comme le meilleur pour traiter les cas de malaria résistante aux antipaludiques ; c'est aussi l'un des trois seuls médicaments brevetés à avoir été enregistré sur la Liste des médicaments essentiels de l'OMS au cours des 25 dernières années.

Magique Cotecxin

Sur le vaste continent africain, la dihydroartémisinine créa de son côté un vrai miracle : un médicament à base de dihydroartémisinine développé sous la marque Cotecxin par la société pékinoise Beijing Holley-Cotec Pharmaceuticals Co. Ltd., et introduit au Kénya en octobre 1993. A la différence du Coartem, la dihydroartémisinine fut distribuée par les réseaux commerciaux ordinaires et sa promotion orientée vers les malades dans la population. D'octobre 1993 à 1999, ce médicament est devenu une légende dans la lutte contre la malaria au Kénya. Aujourd'hui, 80 % des Kényans connaissent le Cotecxin, même les chauffeurs de taxi et les petits paysans, en entendant ce nom, lèvent inconsciemment le pouce !

Les Kényans ressentent depuis longtemps une profonde gratitude envers le Cotecxin. On raconte qu'en 2001, lorsqu'un bébé naquit dans une famille pauvre d'un district défavorisé de la capitale, Nairobi, ses parents, qui avaient été guéris de la malaria grâce au Cotecxin, n'hésitèrent pas une seconde et nommèrent tout naturellement le bébé « Cotecxin ».

Le « médicament miracle » chinois qui aide les Africains à lutter contre la malaria.

A l'époque, au Kénya comme dans le reste du continent africain, la malaria s'attaquait impitoyablement aux femmes affaiblies par une grossesse. Beaucoup de femmes ont ainsi perdu leur bébé avant la naissance. La mère mentionnée ci-dessus avait été gravement affectée par la malaria, le Cotecxin non seulement lui sauva la vie, mais sauva aussi celle de l'embryon. Elle garde en mémoire le moment merveilleux où elle put appeler son bébé : « Cotecxin » ! « Si je l'ai appelé ainsi, » a-t-elle déclaré dans une interview, « ce n'est pas seulement pour manifester ma gratitude, mais aussi parce que j'espère qu'il héritera de la force du Cotecxin, et pourra ainsi œuvrer au développement du Kénya en protégeant à jamais le pays contre les attaques de la malaria. »

Au début du 21è siècle, les médicaments à base d'artémisinine étaient devenus courants dans le monde entier pour lutter contre la malaria. L'artémisinine a ainsi sauvé d'innombrables vies humaines. Mais personne ne savait à qui est due cette fabuleuse découverte.

20

A LA RECHERCHE DE
L'INVENTEUR

Pour des raisons historiques, entre autres, les articles et rapports publiés à l'époque privilégiaient les contributions collectives plutôt qu'individuelles. C'est pourquoi le travail de Tu Youyou sur l'artémisinine est resté longtemps méconnu et son nom enfoui dans la masse des vieux papiers. C'est l'une des raisons qui ont entraîné les controverses ultérieures sur son rôle exact dans cette découverte.

Censure et controverses

En juin 1996, Tu Youyou reçut une lettre d'invitation de la Fondation Qiushi pour les sciences et la technologie. La Fondation l'avait sélectionnée parmi les dix lauréats du « Prix collectif des plus remarquables réalisations scientifiques et technologiques – Prix de l'artémisinine. » et l'invitait à prononcer une allocution de quinze minutes comme discours d'ouverture de la cérémonie de remise des prix.

Comme elle attachait beaucoup d'importance à cette invitation, Tu Youyou rédigea elle-même la lettre d'acceptation, et se mit à préparer activement son discours.

Lors la cérémonie, le 31 août, alors que Tu Youyou présentait par ordre chronologique les différentes étapes du développement de l'artémisinine et de la dihydroartémisinine, quelqu'un se leva dans l'assemblée pour l'interpeller : « Est-ce vous qui avez découvert l'artémisinine ? Les responsables du Bureau 523 sont ici… » Ce qu'il voulait dire, c'est que le mode de traitement de la malaria par l'artemisia annua était un fait historique, et que la découverte n'était due ni à une institution ni à un individu. Soudain, l'atmosphère devint tendue…

On ne peut évidemment savoir ce que ressentait Tu Youyou lorsqu'elle quitta l'assemblée ce jour-là, mais ce fut certainement un coup terrible pour elle.

Pour des raisons historiques, entre autres, les articles et rapports publiés à l'époque privilégiaient les contributions collectives, plutôt que les signatures individuelles. C'est pourquoi le travail de Tu Youyou sur l'artémisinine est resté longtemps méconnu et son nom enfoui dans la masse des vieux papiers. C'est l'une des raisons qui ont entraîné les controverses ultérieures sur son rôle exact dans cette découverte.

Les recherches de Miller

Les excellents résultats obtenus par l'artémisinine sur le front de la lutte contre la malaria étant devenus une évidence, ils attirèrent l'attention de Louis H. Miller, un expert engagé dans la recherche sur la malaria depuis plus de cinquante ans. Membre de l'Académie des sciences des Etats-Unis, il était en outre l'un des scientifiques habilités à proposer des nominations pour le prix Nobel.

En 2007, Miller se rendit à Shanghai avec Su Xinzhuan, principal chercheur des Instituts nationaux de la Santé des Etats-Unis, pour participer à un colloque sur la malaria et ses modes d'infection. Lors de cette réunion, Miller demanda à plusieurs reprises qui avait découvert l'artémisinine, et comment elle avait été découverte, mais sans parvenir à obtenir de réponse. Il n'arrivait pourtant pas à croire que personne ne sache qui était l'auteur d'une découverte aussi importante.

Lors d'une interview avec un journaliste de l'agence Chine nouvelle, Su Xinzhuan a rapporté les propos échangés avec Miller au cours d'une conversation : un jour qu'ils déjeunaient ensemble, Miller lui déclara que l'artémisinine était une découverte importante qui méritait de concourir pour un prix ; Su Xinzhuan hésita, puis suggéra : « Pourquoi pas le prix Nobel ? ». Après avoir réfléchi un instant, Miller opina : « Effectivement, pourquoi pas ? » A partir de là, Miller fut déterminé à trouver l'auteur de la découverte de l'artémisinine pour le proposer au Comité du prix Nobel.

Qui devait être crédité de cette découverte ? Quand Miller et Su Xinzhuan commencèrent leurs recherches, c'était un mystère, car les rapports et articles sur le sujet en Chine ne mentionnaient aucun nom en particulier. Néanmoins, l'histoire est l'histoire et la vérité reste la vérité : les documents historiques et rapports d'expériences ne pouvaient la dissimuler longtemps. Lorsque les deux chercheurs commencèrent à fouiller dans les piles de documents anciens, le nom de Tu Youyou apparut de plus en plus clairement.

Tu Youyou (2ᵉᵐᵉ à partir de la droite) et Miller (2ᵉᵐᵉ à partir de la gauche)

Honneur à Tu Youyou

En 2011, un article intitulé « L'artémisinine : découverte à partir de la pharmacopée chinoise », présentant l'artémisinine et la contribution de Tu Youyou à sa découverte, fut publié dans la revue d'Outre-Atlantique « Cell ». Il décrivait en détail la mise sur pied du projet 523, le processus d'identification de l'artémisinine ainsi que la série de tests cliniques ultérieurs, et concluait que, tandis que la lutte contre la malaria restait un défi de taille, la découverte de l'artémisinine par Tu Youyou et ses collègues chinois offrait de grands espoirs et représentait une immense réussite dans l'histoire de la médecine moderne.

C'étaient Louis H. Miller et Su Xinzhuan qui avaient écrit l'article. Il était destiné à appuyer la nomination en 2011 de Tu

Youyou pour le prix Lasker-DeBakey pour la recherche médicale clinique, prix prestigieux décerné par la fondation Lasker aux Etats-Unis qui est considéré dans la communauté médicale internationale comme l'antichambre du prix Nobel de médecine ; de fait, un grand nombre de lauréats de ce prix ont ensuite obtenu le prix Nobel.

En 2011, le prix a effectivement été décerné à Tu Youyou, pour avoir été à la fois la première à proposer et défendre la recherche sur l'artémisinine au Bureau 523, la première à extraire de l'artémisinine avec un taux d'inhibition de 100 % et la première à effectuer des tests cliniques.

Cette année-là, Tu Youyou se rendit aux Etats-Unis pour recevoir le prix Lasker-DeBakey. Chaque année, par la suite, Louis H. Miller inclut le nom de Tu Youyou dans la liste de ses propositions au Comité du prix Nobel.

21

ET FINALEMENT LE PRIX NOBEL

Le prix reflète aussi, gravés en filigrane, sa courageuse décision de pratiquer des tests sur elle-même, la profonde peine ressentie lorsque, après leur longue séparation, sa petite fille a refusé de l'appeler 'maman ', les douleurs provoquées par la maladie de foie causée par l'éther, et les innombrables jours et nuits passés au laboratoire...

Comme l'a dit Isaac Newton : « Si j'ai vu plus loin que d'autres, c'est que j'étais juché sur les épaules de géants. »

Derrière le prix

Après la remise du prix, les médias se précipitèrent pour rendre compte de cette distinction, mais Tu Youyou resta très calme. Elle attribua sa réussite aux efforts conjugués de toute son équipe, et à ses prédécesseurs dans la recherche antipaludique.

Parmi ces prédécesseurs figurent deux chercheurs : Ross, qui a découvert le cycle de vie complexe du plasmodium, et Laveran qui

Tu Youyou dans son laboratoire avec son élève Yang Lan

a identifié le parasite. Comme bien d'autres avant et après eux, ils ont utilisé l'arme de la science pour explorer les sombres abysses de l'inconnu.

Le prix décerné à Tu Youyou semble être la matérialisation de son rêve d'enfant et la réflexion de sa soif de connaissance qu'elle cherchait à satisfaire, adolescente, à la bibliothèque de l'université de Pékin. Mais il reflète aussi l'immense stress et le très fort sens de mission à accomplir liés à sa participation au projet « 523 », tout comme l'excitation ressentie lorsqu'elle est parvenue à extraire l'artémisinine avec de l'éther à basse température.

Mais, bien sûr, le prix reflète aussi, gravés en filigrane, sa courageuse décision de pratiquer des tests sur elle-même, la profonde peine ressentie lorsque, après leur longue séparation, sa petite fille a refusé de l'appeler 'maman ', les douleurs provoquées par la maladie de foie causée par l'éther, les innombrables jours et nuits passés au laboratoire... tout ceci lui valant, au bout du compte, les sourires et le regard confiant des malades guéris par l'artémisinine.

Pourquoi elle ?

Mais pourquoi exactement est-ce Tu Youyou qui a été recommandée pour le prix Nobel ?

Comme l'a déclaré Goran K. Hansson, secrétaire du Comité du prix Nobel de médecine ou physiologie, « en réalité, une découverte est le fait d'un individu et non d'une organisation ; à notre époque, où les institutions et les organisations ont un immense pouvoir, il est devenu d'autant plus important d'identifier les individus d'une véritable créativité qui ont contribué à changer le monde.

Ainsi, en 2011, le prestigieux prix Lasker-DeBakey pour la recherche médicale clinique fut décerné à Tu Youyou parce qu'elle avait été à la fois la première à proposer et défendre la recherche sur l'artémisinine au Bureau 523, la première à extraire de l'artémisinine avec un taux d'inhibition de 100 % et la première à effectuer des tests cliniques. Chacune de ces trois raisons aurait été suffisante à elle seule pour lui valoir le prix. En fait, lorsque Tu Youyou présenta l'artémisinine à son équipe de recherche, elle devint le précurseur de la « recherche antipaludique à base d'artemisia annua ».

Le 4 décembre 2015, de bonne heure, alors que la ville de Pékin s'était parée d'un grand ciel bleu, très rare en ces jours d'épais brouillards, Tu Youyou boucla soigneusement sa valise, enfila un manteau noir et partit à l'aéroport en compagnie de son époux Li Tingzhao. Au début, elle avait hésité à aller à la cérémonie de remise du prix ; mais ses collègues lui ont dit que c'était en fait un honneur décerné au pays tout entier ; alors finalement cette femme de 85 ans a décidé d'entreprendre le voyage pour aller le recevoir. Pendant toute sa carrière de recherche, toutes les décisions qu'elle a prises, tous les choix qu'elle a faits ont toujours été pour le bien de la patrie.

POSTFACE

Lors de la cérémonie de remise du prix Nobel, le 10 décembre 2015, lorsque madame Tu Youyou monta sur le podium pour recevoir la médaille symbolisant le prix, nous avons ressenti une grande fierté, fierté pour elle, et fierté pour notre pays.

Avec ce livre, nous souhaitons manifester notre respect envers madame Tu Youyou, et expliquer, aussi objectivement que possible, le long processus de maturation d'une scientifique chinoise née dans les années 1930, qui a grandi pendant la guerre et commencé sa carrière dans les années turbulentes qui ont suivi la fondation de la Chine nouvelle. Nous avons tenté de dépeindre objectivement son enfance et sa vie scolaire, ainsi que les événements et les personnes qui l'ont déterminée à se lancer dans la recherche scientifique, les choix qui ont changé le cours de son existence, et l'inépuisable énergie qui l'a constamment soutenue tout au long de sa recherche.

Nous tenons à remercier tous les membres de l'équipe pour leur contribution à la préparation, la rédaction, la révision, l'édition et la commercialisation de ce livre. ; nous remercions les élèves de madame Tu, monsieur Wang Manyuan et mademoiselle Yang Lan, pour l'aide qu'ils nous ont fournie en nous procurant des documents de référence, ainsi que le professeur Li Dan, de la chaîne de télévision BTV Archives, pour son assistance au niveau du manuscrit ; et enfin, nous remercions tous les collègues qui nous ont aidés d'une manière ou d'une autre à publier ce livre.

Lors de sa préparation, nous avons compulsé un grand nombre de documents en espérant le rendre le plus authentique possible. Mais de nombreux détails ont disparu au cours du temps. Si vous remarquez des données erronées ou incomplètes, n'hésitez pas à nous en informer.

Editions de l'industrie chimique
Janvier 2016.

NOTES

Chapitre 2

1. Le Livre des poèmes, ou Livre des odes (*Shijing*), est un recueil des plus anciens poèmes de l'Antiquité chinoise, datant du 11ᵉ au 5ᵉ siècle avant Jésus-Christ et comprenant 305 poèmes répartis en quatre catégories. Les Chants (ou Elégies) de Chu (*Chuci*) sont une anthologie de dix-sept poèmes pour moitié originaires du Royaume de Chu, et datant de la période des Royaumes combattant, du 4ᵉ au 3ᵉ siècles avant J.-C. Ce sont les deux grands classiques de poésie chinoise. [Toutes les notes sont de la traductrice]

2. Cao Cao (155-220) est un chef de guerre de la fin de la dynastie des Han devenu chef d'Etat de facto à l'aube de la période des Trois Royaumes. Brillant stratège, il était aussi brillant poète, de même que ses deux fils. Son poème « Dans le style d'un chant court » (*Duangexing*) est l'un des plus célèbres de ceux qui nous restent de lui : il l'a écrit pendant l'hiver de l'année 208, à la veille de la grande bataille de la Falaise rouge, pour exprimer son inquiétude devant l'avenir. La citation du *Lu Ming* est au septième vers, le brame du cerf traduisant chez Cao Cao l'atmosphère mélancolique du moment.

3. Célèbre opéra inspiré d'une légende populaire, créé à Yan'an en 1945 et adapté au cinéma en 1950, puis en « ballet modèle » pendant la Révolution culturelle.

Chapitre 4

4. Ou schistosomiase : maladie parasitaire due à un ver hémophage nommé schistosome, seconde endémie parasitaire dans le monde après le paludisme.

Chapitre 5

5 C'est la période de la Révolution culturelle, officialisée par la « Décision en seize points » du Comité central du PCC du 8 août 1966.

6 Devenue le ministère des Sciences et de la Technologie après 1998.

7 Selon l'ordre chinois d'énonciation d'une date : le mois (mai : 5ème mois) suivi du jour. Il s'agit là d'une pratique courante pour les événements historiques.

Chapitre 6

8 Le *Shangshu* ou *Shujing*, traduit "Les Annales de la Chine" par Séraphin Couvreur, est un recueil d'anciens documents relatifs à l'histoire des premières dynasties de la Chine ancienne. « Pan Geng » est le chapitre VII de la 3ème partie, les Annales de la dynastie des Shang (1570-1045 avant J. C.). La quatorzième année de son règne, vers – 1387, Pan Geng transféra sa capitale de Yan [Qufu dans le Shandong] à Yin [Anyang dans le Henan] ; le chapitre « Pan Geng » rapporte ses paroles expliquant à son peuple réticent les raisons du transfert : raisons politiques et économiques, mais aussi insalubrité du site de Yan.

9 Lushui, ville de la préfecture autonome de Nujiang, au nord-ouest du Yunnan, sur la rivière Lu, rebaptisée Jinsha sous la dynastie des Song ; c'est la partie supérieure du cours du Yangtsé.

10 En chinois *qinghao*.

11 C'est-à-dire les actuelles provinces du Hubei et du Hunan sous les dynasties Yuan et Ming.

Chapitre 7

12 Dynastie chinoise qui domina la Chine du Sud entre 316 et 420 de notre ère, alors que le Nord était dominé par des peuples non chinois.

13 En référence à son grand-oncle Ge Xuan, surnommé « le vieil immortel », alchimiste et mage taoïste du royaume de Wu, du temps des Trois Royaumes ; Ge Hong fait partie de cette même tradition alchimique du Sud.

14 Empereur mythique appelé « agriculteur divin » car il est l'inventeur de diverses pratiques agricoles, mais aussi des vertus médicinales des plantes, consignées dans son Classique de phytothérapie ou *Bencaojing*.

15 Encore connu comme Grand Traité de pharmacopée naturelle, publié en 1593, il est encore considéré comme l'ouvrage de médecine traditionnelle chinoise le plus complet jamais écrit. Li Shizhen est mort à peine l'édition terminée, à l'âge de 75 ans.

16 Révolte contre l'empereur Kangxi de 1673 à 1681, menée par trois vassaux qui contrôlaient les fiefs du Yunnan-Guizhou, Guangdong et Fujian, c'est-à-dire une bonne partie de la Chine du Sud.

Chapitre 9

17 C'est la troisième année de la Révolution culturelle.

18 Le premier est un traitement contre les diarrhées, le second un traitement contre les fièvres recommandé au 11e siècle par le célèbre Su Dongpo (ou Su Shi) dans son traité sur les épidémies, qui traite de la manière de soigner les maladies en fonction des régions, et en particulier les « maladies chaudes » du Sud de la Chine.

Chapitre 17

19 Ou Grand traité d'herbologie de Li Shizhen, voir chapitre 7, p. 13.

Chapitre 18

20   Ou luméfantrine.

21   Créé en 2006 et remis par l'Office européen des brevets.

22   Le pyrargue à tête blanche fut déclaré espèce menacée aux Etats-Unis en 1967, et le DDT y fut interdit en 1972.